JLA
図書館実践シリーズ ······················· 46

地域資料の
アーカイブ戦略

蛭田廣一 編

Japan Library Association

日本図書館協会

**Strategic Development of Archives for Public Library
Local Collection**

(JLA Monograph Series for Library Practitioners ; 46)

地域資料のアーカイブ戦略 ／ 蛭田廣一編. － 東京 ： 日本図書
館協会, 2021. － 160p ； 19cm. － （JLA 図書館実践シリーズ ；
46）. － ISBN978-4-8204-2111-5

tl. チイキ シリョウ ノ アーカイブ センリャク al. ヒルタ, ヒロ
カズ
sl. 郷土資料 ① 014.72

まえがき

　近年，デジタルアーカイブに関する著作は数多く目にする。
2015年には概要をまとめた岡本真・柳与志夫編『デジタルアー
カイブとは何か－理論と実践』（勉誠出版，2015）や，ウェブサ
イト等で流通している多様な情報を紹介した時実象一『デジタ
ル・アーカイブの最前線』（講談社，2015）などが出版され，図
書館におけるデジタル化の事例も紹介されている。

　なかでも『デジタル・アーカイブの最前線』には「図書館のさ
まざまな取り組み」が取り上げられ，「公立図書館において，現
在，1万8000点以上の古文書が電子化されている。また，絵画
や写真などのデジタル画像は3万5000点に上る」とし，公立図
書館のデジタルアーカイブ支援サービスとして「ADEAC」を紹
介している。この「ADEAC」のプラットホームを利用している
図書館等の機関は，2021年9月15日現在122機関で，メタデー
タ（目録）が103,292件，画像データが57,779件，本文テキスト
データが97,464件となっていて，デジタルアーカイブに取り組
む機関とデータ数の増加傾向を確認することができる。

　また，岐阜女子大学デジタルアーカイブ研究所編『地域文化と
デジタルアーカイブ』（樹村房，2017）では，地域文化とデジタ
ルアーカイブの各種事例をを紹介し，「地域の図書館のデジタル
アーカイブ」を取り上げている。

　しかも，『図書館雑誌』2021年9月号には「地域資料のいまと
これから」の特集が組まれ，その巻頭に福島幸宏氏が「地域資料

の可能性」を執筆され，『地域資料サービスの実践』に「デジタルリソースをめぐる議論が欠落していることに課題があると考える」と指摘し，地域資料のデジタル化について論述する必要性が示されている。

このような状況の中で，『地域資料サービスの実践』を補足・拡充する必要から，『地域資料サービスの展開』を具体化する企画を進めることにした。

当初は『地域資料サービスの実践』（JLA 図書館実践シリーズ41）の続編として想定し，「地域資料のコレクションの形成，サービスの展開，利用促進とデジタルアーカイブ，今後の課題と展望等について検証」することとしていた。

しかし，執筆依頼を進めるうちに，先進図書館では予想以上にデジタルアーカイブの取り組みが進んでいる一方，『公立図書館における地域資料サービスに関する報告書』（全国公共図書館協議会，2018）でも明らかなように，市町村の図書館ではデジタル化が遅れており，その主な理由として方法や課題および具体的な事例が知られていないことが挙げられる。

幸いにも，知的資源イニシアティブ理事で地域情報アドバイザーの山崎博樹氏のアドバイスと協力が得られ，最新の取り組み事例の報告が可能となった。しかし，当初の企画に盛り込むと報告項目が多くなりすぎ，重要なテーマであるデジタルアーカイブが埋もれてしまう。

経済財政諮問会議が 2021 年 10 月にとりまとめる「骨太の方針」の骨子案には「デジタル化の加速」が取り上げられ，6 月にはデジタル庁が発足した。このことから，地域情報のデジタル化と相まって図書館におけるデジタル化の推進も重要な課題となるものと予測される。また，地域資料のデジタル化を進めるためには，

政策立案とデジタルコンテンツの充実および提供が求められ，その事例と戦略を練るためのテキストの需要が高まることは火を見るより明らかである。

　このことから，デジタルアーカイブを独立させ分冊することにし，本書が刊行されるに至ったのである。

2021 年 9 月

蛭田　廣一

目次

まえがき　　　iii

●0章●　序論 ··· 1

0.1　はじめに　　1
0.2　地域資料のデジタル化　　2
0.3　地域資料アーカイブの研究　　　7
0.4　専門性と技術力を磨く　　10

●1章●　地域資料とデジタル化 ······················· 17

1.1　はじめに　　17
1.2　デジタル化の基礎的な知識　　18
1.3　地域資料アーカイブシステム導入ステップ　　24
1.4　地域資料デジタル化およびアーカイブシステムの
　　課題　　26
1.5　地域資料の活用に向けて　　27
1.6　おわりに　　30

**●2章●　地域住民と協働した
　　　　　デジタルアーカイブ** ························· 32

2.1　はじめに　　32
2.2　背景と目的　　33
2.3　地域住民との協働－10年の活動・取り組み　　34
2.4　これから－地域資料をともにつくる　　38
2.5　おわりに　　40

●3章● **学校教材としての地域資料の**
デジタル化────────────── 42

3.1　事業の趣旨および概要　42
3.2　電子版副読本およびk-platの概要　　43
3.3　取り組みの内容　45
3.4　成果の概要　47
3.5　モデル授業の様子　47
3.6　図書館とのつながり　50
3.7　地域教〈財〉として　50

●4章● **地域資料のオープンデータ化と活用**───── 52

4.1　はじめに　52
4.2　大阪市立図書館デジタルアーカイブについて　　52
4.3　オープンデータの利活用推進の取り組み　　56
4.4　オープンデータ化の成果　57
4.5　オープンデータの課題と新たな展開
　　－さらに「活用」しやすくするために　　59
4.6　おわりに　62

●5章● **デジタルアーカイブ福井の展開**──────── 63

5.1　構築の経緯　63
5.2　登録資料の概要　64
5.3　デジタルアーカイブ福井を特徴づける
　　「連携」　73
5.4　オープンデータへの取り組み　79
5.5　明治期新聞画像のWeb公開　82
5.6　まとめにかえて　86

目 次

●6章● **民間資料の保存をめぐる現状と課題**
—多摩地域を中心に ································· 88

6.1 はじめに 88
6.2 戦後における民間資料の所在調査 89
6.3 「郷土史」研究と地域資料
—多摩郷土研究の会から 96
6.4 1970年代以降の地域史研究と地域資料の保存 101
6.5 図書館・博物館・文書館 106
6.6 おわりに 109

●7章● **図書館の地域アーカイブ活動のために** ········ 116

7.1 地域アーカイブを考えるための背景 116
7.2 地域の自己認識 123
7.3 地域資料サービスの現状 128
7.4 地域資料と歴史学 134
7.5 行政情報と図書館の関係 142
7.6 おわりに 151

索引 157

執筆者紹介 160

0章 序論

0.1 はじめに

　2019年8月に『地域資料サービスの実践』[1] を刊行して2年目を迎えた。

　この本は小平市立図書館の実践事例を中心に紹介したもので、20年前に三多摩郷土資料研究会が編集・出版した『地域資料入門』[2] の改訂版を意図したものである。

　20年ぶりの地域資料に関する概説書ということもあって、『図書館雑誌』[3] や『みんなの図書館』[4] に書評が掲載され、『LRG』第31号[5] や『図書館界』[6] でも地域資料がテーマとして取り上げられるなど地域資料に対する関心が寄せられた。

　また、2020年は1月に東京都多摩地域図書館大会、3月に三重県公共図書館司書部会北勢地区研修会（桑名市立中央図書館）、9月に福島県図書館・公民館図書室職員等専門研修会、10月に宮崎県立図書館研修会と東海北陸地区公共図書館研究集会（福井県立図書館）、11月に図書館地区別（北日本）研修（秋田県生涯学習センター）と6回におよぶ地域資料の講演をさせていただいた。このほかにも、新型コロナウイルス感染症の影響で実施できなかったが沖縄県での研修会が予定されていた。

　これらの研修会の中で、11月に秋田県で開催された地区別

研修の折に，知的資源イニシアティブ理事で地域情報アドバイザーの山崎博樹氏と懇談する機会があり，地域資料のデジタル化は思いのほか進展していることを教えられた。その一方で，『公立図書館における地域資料サービスに関する実態調査報告書』でも明らかなように，市町村の図書館ではデジタル化が遅れており[7), 8)]，その主な理由としてその方法や課題および具体的な事例が知られていないことが挙げられる。このことから，地域資料のデジタル化についてまとめる必要性を痛感した。

そこで，山崎博樹氏のアドバイスと協力を得て，地域資料のデジタル化に関する最新の事例と福井県の取り組みを紹介することにした。

また，事例紹介だけではデジタル化の必要性を説明するのに不十分なことから，歴史学と図書館学の研究者の立場から地域アーカイブについて論じてもらい，『地域資料のアーカイブ戦略』を編むことにした。

0.2 地域資料のデジタル化

地域資料のデジタル化については，『地域資料サービスの実践』の 10 章で触れたように市区町村では取り組みが遅れているが，資料の活用と情報発信を図るためには避けて通れない課題である。また，『日本の図書館の歩み 1993-2017』に「地域資料などをその地域の公共図書館が独自にデジタル化し，利用に供する例もある」[9)] と紹介されているように，本書の報告で取り上げた図書館では，県立図書館はもとより市町立図書館でも積極的に取り組んでいて，近年コンテンツの充実が

進んでいる。

　しかし，未着手の図書館が少なくないのも現実なので，基礎的な知識とデジタルアーカイブ構築の手順および地域資料の活用方法と，具体的な実践事例を改めて紹介する。

　まず山崎博樹氏には，秋田県立図書館でデジタル化を進めた実績と，ビジネスライブラリアン講習会での経験および内閣府知的財産戦略本部実務者会議委員として地域情報アドバイザーを務めている知見を活かし，1章の「地域資料とデジタル化」について執筆してもらった。そして，2章では地域の風景を古い写真と新しい写真を比較して提供している「北摂アーカイブス」について豊中市立図書館に，電子書籍版「小学校社会科副読本」については3章で北広島市図書館に，地域資料のオープンデータの取り組みについては4章で大阪市立図書館に，実践事例を紹介してもらった。

　最後に，文書館・図書館・文学館の資料をデジタル化して運用するデジタルアーカイブシステムについて，5章で福井県立文書館に報告してもらった。

(1)　地域資料とデジタル化

　図書館員の基礎的な技術知識の不足，政策立案構築が不慣れなこと，長期的なシステム，データの維持が人的に難しいという課題から，資料のデジタル化およびデジタルアーカイブの構築が進展していない。また，デジタル化してもその後十分に利用されていない，データの追加，システムの更新が行われていないという事例も少なくない。これらの状況を踏まえて，デジタル化の基礎的な知識，地域資料アーカイブシステム導入ステップ，地域資料の活用について解説している。

また，「おわりに」に「公共図書館は，一番手間のかかるメタデータを書誌データとして構築済みであることが多く，他の機関と比較し，デジタルアーカイブを構築しやすく，収集資料の多様性からも地域のデジタルアーカイブの中核として機能することが求められている」と記されているが，今後の地域資料サービスのあり方を示唆する確言である。

(2)　地域住民と協働したデジタルアーカイブ

　大阪府豊中市の「北摂アーカイブス」は，「地域の記憶を地域の記録へ」というコンセプトのもと，地域の風景写真等をウェブサイトに公開している。その対象は市役所，学校や各団体，事業者また地域住民が保存する写真で，この活動を担っているのが，主に地域住民で構成する「地域フォトエディター」と呼ばれる図書館の市民ボランティアである。事務局は豊中市立岡町図書館に置き，この活動を支えている。

　本報告はデジタル化した写真が地域資料としていかに活用され広がっているのか，さらに今後の地域資料のデジタル化の展開とその可能性について触れている。

　地域の写真収集・整理や撮影を行い Web 上に公開することが，「地域フォトエディター」の活動のメインであるが，写真を収集するために「写真展」を開催するようになり，地域の催しや金融機関への貸出や校外学習にも活用されるなど活用の範囲が広がり，まちの地図づくり（マッピングパーティー）の開催へと発展している。また，地域の人の体験談を映像と活字で記録し，新聞記事や広報誌などの個別に管理・保存したデジタル資料を検索できるように整理していくことでデジタルアーカイブとしての魅力を増進し，デジタル地域資料群の

充実を模索している。

(3) 学校教材としての地域資料のデジタル化

北海道北広島市は小学校の社会科副読本に着目し，電子版「小学校社会科副読本・北広島」を作成した。これは市内公共施設，学校と公共図書館の書誌情報，子ども向けサイト等のリンクを貼って教材作成ツールを装備したものである。

図書館との連携としては，各単元のテーマに沿った図書やウェブサイトがリスト化されているため，蔵書検索をして予約することができる。また，地域資料のデジタル化と公開によって学習情報がスムーズに提供されるようになっている。

(4) 地域資料のオープンデータ化と活用

大阪市立図書館では，地域資料のオープンデータの提供と活用を図っている。デジタルアーカイブのコンテンツとしては，古文書，明治期から戦前にかけての絵はがきや写真，地図等がある。

また，大阪市では行政資料のオープンデータ化や ICT の活用による業務の効率化などを積極的に推進している。これに基づきデジタルアーカイブのオープンデータ化に取り組み，2017 年に提供を開始した。

新たな展開としては，大阪の名所・旧跡を紹介した浮世絵のオープンデータをウィキペディア記事に関連づけるオンラインイベント「Wikipedia で，『浪花百景』を世界に紹介しよう！」の実施，企業と連携協定を締結して「オープンデータ Me-glue-you（めぐるよ）プロジェクト」に参画，絵はがき画像を活用したオンラインイベント「デジタルアーカイブであそ

ぼう！」を開催するなどの企画を通して，オープンデータの
活用を図っている。

(5)　デジタルアーカイブ福井

　「デジタルアーカイブ福井」は，福井県文書館・福井県立
図書館・福井県ふるさと文学館が共同で運用するデジタルアー
カイブシステムである。

　登録資料は，①福井県史編さん事業において作成した古文
書などの複製物，②歴史的公文書，③福井県関係新聞，④県
報，⑤写真，⑥県の各部課で発行された行政資料，⑦古典籍，
⑧福井県ゆかりの作家・文学者の直筆原稿や色紙，ノート，
写真，愛用品などの目録，⑨人物文献検索などである。

　このシステムは県立図書館システムや県内の他機関，NDL
サーチ，国立公文書館横断検索と連携して目録検索や画像リ
ンクができる。また，くずし字で書かれた古文書をオンライ
ンで活字化していく市民参加型翻刻プロジェクト「みんなで
翻刻」に参加し，新聞社と連携して新聞記事データベースの
公開を実施している。

　そして，「デジタルアーカイブ福井」はオープンデータへの
取り組みが進んでおり，ライセンス表示や明治期地方新聞画
像の Web 公開を開始している。このオープンデータ化の流れ
は，「まとめにかえて」で報告者が「画像の Web 公開および
オープンデータ化は，これまで MLA が当たり前のこととし
て行ってきた『申請→許可→二次利用』という枠組みを大き
く揺さぶるものであり」と述べているように，資料閲覧方式
にも一石を投じるものである。

0.3 地域資料アーカイブの研究

　本書の最後に，歴史学と図書館学の研究者の立場から地域資料アーカイブに関する論考を掲載する。

　地域資料は図書館の所蔵する資料だけで完結するものでも十分なものでもないことは明白で，文書館や博物館・文学館等の類縁機関との連携が欠かせない。企業の資料館との協力も必要である。また，本書の多くのところで触れられているように，デジタルアーカイブによる情報提供の流れは加速度的に広まっていくものと思われる。

　これらのことを踏まえて，地域資料の現状と課題および展望について考察する。

(1)　民間資料の保存をめぐる現状と課題―多摩地域を中心に

　6章を執筆した宮間純一氏は『多摩川流域所在アーカイブズの情報集約・公開に関する調査・研究』という報告書を刊行している[10]。その研究活動の一環で2019年3月に「多摩の地域特性とアーカイブズ」と題したシンポジウムを主催している。編者もこのシンポジウムに報告者として参加し，多摩地域における地域資料のアーカイブ化の研究が歴史研究者を中心に進んでいることを確認し，地域資料のアーカイブ戦略を論ずる上で欠かせない視点だと判断した。

　6章は，民間に伝来した近世・近代文書などの文書資料（アーカイブズ）を中心に記述されている。戦後における民間資料の所在調査からはじまり，東京都立青梅図書館に郷土研究会の事務局が置かれ，館長の久保七郎は『西多摩郷土研究』の

創刊号に「郷土史料の収集は予てから私に課せられた一大任務であり」と述べていることが解き明かされている。『地域資料サービスの実践』の1章「多摩地域と図書館の展開」でも触れた久保七郎館長は、地域資料の収集を最大の任務と認識していたことがわかる。

次に、1970年代頃から自治体史編纂事業の一環として古文書目録が刊行されていることに論究し、「原本の存在・価値を所蔵者や市民に認識させ、保存に結びつける効果があったといえる」としている。そして、地域資料の保存について触れ、「地域資料を保存してゆくためには、地域にセンターとなる資料保存利用施設の存在が必須である。戦後の日本においてこの役割を主として果たしてきたのは、いうまでもなく図書館・博物館・文書館である」と論じ、「多摩地域では、図書館が最も早い段階で地域資料の保存に着手した」ことに言及している。

最後に、こうした民間資料の保存活動の新たな動向として、文書館機能をもつ施設の誕生について述べ、地域資料情報を共有するプラットホームの整備が必要だという提言で本章を閉じている。

(2) 地域アーカイブとしての図書館の現在

7章を執筆した根本彰氏は、『アーカイブの思想』[11]という本を出版している。これは『週刊読書人』[12]にも取り上げられているように、地域アーカイブについて研究する上で欠かせない著作といえる。

7章は『アーカイブの思想』の要点を説き起こすことからはじまり、最初に地域アーカイブを「地域の人々が自らの地

域を振り返るために知を蓄積して利用できるようにした仕組みやそのようにしてできた利用可能な知」と定義している。そして，地域アーカイブを理解するためにここ半世紀に起きた背景的な事象として，「地方分権改革」，「過疎化と少子高齢化」，「社会的記憶と図書館」を取り上げている。

　次に，郷土・地方・地域および文書・古文書・郷土史料・地域史料の呼称の変遷について触れ，歴史家がこれまで文書史料と呼んできたものを特定歴史公文書，民間アーカイブズ，エゴドキュメントと称するようになっていることを示す。

　その後，日本の図書館の地域資料サービスの現状を全国公共図書館協議会の 2016 年度調査によって説明し，改めて地域資料と歴史学について論じている。ここでは，図書館的なアーカイブの網羅性について述べ，図書館は「資料の取扱いの基準を学校なら学校すべてに同等に適用することである」と指摘している。つまり，学校資料を収集する場合は一部の学校を対象にするのではなく，地域内のすべての学校資料を網羅的に収集することが重要であり，図書館における地域アーカイブの特徴だといえる。

　そして，図書館における行政情報の収集・提供の必要性について述べ，日野市立図書館市政図書室の利用調査から，「この図書館が職員向けに行っている行政支援サービスは市の職員に支持されていて，特に職位の高い人ほど支持する傾向にあるということである」という結果を導き出している。実際に行政資料の重要性を認識し収集に努めている図書館は少なくなく，行政支援を実施している図書館もあるが，本章では「成功している例は多くない」とし，その理由は「提供者側のサービス体制や属人的なサービス能力に委ねられるからで

ある」と結論づけられていて，専任の地域資料担当者の配置と経験の積み重ねの必要性が痛感させられる。

7章のまとめとしては，図書館の地域資料の実践は「地域におけるアーカイブ活動の中で本来中心的な役割を担うべき」であり，「地域のアーカイブにかかわる人たちすべてと協同しながら，図書館独自の地域ベースのアーカイブ活動をすることが必要になっている」ということである。

また，今後の課題としては，地域資料の専任職員を中心に「全国的な研究グループをつくり，相互にノウハウの交換を行う体制をつくる」ことを提言し，「人々を巻き込んだネットワークづくりを進めることで，初めて地域資料サービスはうまく展開できる」と締めくくっている。

0.4 専門性と技術力を磨く

『地域資料サービスの展開』と『地域資料のアーカイブ戦略』の最後に，地域資料担当者の専門性と求められる技術力について触れてまとめとしたい。

平安時代後期より明治初年まで広く使われた道徳教科書である『実語教』[13]には「玉磨かざれば光無し」，「人学ばざれば智無し」とあり，学んで知を身につけることと己を磨くことの大切さを説いている。このことは根本彰氏が論じている地域アーカイブの「知」とも符合するものであり，地域資料サービスを展開するために欠かせない専門性と技術力を磨く必要性とも相通じるものである。

そこで，『地域資料サービスの展開』と『地域資料のアーカイブ戦略』の報告および論考を通じて見えてくる，地域資料

担当者に必要な専門性と技術力とは何かについて記す。

(1) 資料の組織化

『地域資料サービスの実践』の「情報資源へのアクセス」[14]でも述べたように，地域資料はMARCを利用して書誌登録する一般書と違い市販ルートに乗らない行政資料などの資料が多いことから，自館入力する必要がある。したがって，目録規則や分類および件名標目に精通しているだけでなく，その館で利用しているMARCに応じて登録規則を作成しておく必要がある。また，同書の「索引の作成」や「地域資料の書誌訂正」でも触れたように，資料の活用を図るためには索引を作成し，書誌統一を図るため随時書誌訂正をすることも求められる。

しかも，地域資料として取り扱うコレクションは多様で，古典籍や古文書，地図，リーフレット，パンフレット，新聞記事や写真，館によっては博物資料にまで及ぶ。これらの資料の全体像を把握するとともに，多様な組織化の方法を理解し，資料保存等の蔵書管理や資料調査と保存対策等も実施する必要がある。つまり，資料組織化や資料保存のスペシャリストとしての知識と技術を磨き，膨大な事務量を効率的にこなせる処理能力が不可欠となる。

(2) 土地の事情と地域課題

図書館法第3条に「図書館は，図書館奉仕のため，土地の事情及び……」と規定し，『これからの図書館像』では「地域の課題解決に向けた取組に必要な資料や情報を提供し」[15]と謳っていることは，地域資料担当者が身につけなければなら

ない知識や果たすべき役割と不可分である。

　土地の事情とは，歴史的・地理的なものをはじめ，政治・経済・産業，自然や芸術・文学といった網羅的な地域の事情や特性を指し，地域住民や団体が抱える地域課題は個別な興味関心から，現在および将来を左右するような重要な事案を含んでいる。

　つまり，地域資料担当者は，地域の事情や地域課題について十分に理解した上で必要な資料や情報の提供に努めなければならない。また，日常的に地域のニュースや動向にも関心を寄せて学び，地方自治体が進めている政策や議会で議論されている問題についても掌握しておく必要がある。

(3)　企画力と説明能力

　本書の報告を通して，地域資料サービスに関するさまざまな事業展開と実績が明らかにされている。これは偶然の結果ではない。これらのサービスを実施し展開するためには，先進事例を調査・研究し，その事業を実施する必然性や効果を予測・検討し，予算や人材確保等の裏づけを取り，起案して組織の意思決定を図らなければならない。それは，図書館内部に限らず，教育委員会や企画・政策課や財政課，場合によっては庁議報告を含めた説明が求められる。

　つまり，新しい企画を実現するためには，その事業の必要性や効果を十分に理解して，人に理解してもらうことが欠かせないわけで，地域資料担当者はプレゼンテーション能力を高め，説明責任を果たさなければならない。

(4) 資料作成と展示

『地域資料サービスの展開』では資料作成や展示会についても重点を置いて報告されている。地域資料は行政資料をはじめとした地味で目立たない資料が多い一方で，地域の事情や地域課題につながる話題性の高いものも少なくない。これらの資料を収集し組織化することも大切だが，それらの資料を広く知ってもらい活用するために，資料作成や展示会が企画される。

こうした事業に不可欠なのが日ごろの研究成果であり，印刷物の編集能力や校正技術，展示方法や技術の習得とともに資料保存の基礎知識である。

また，作成した資料や開催した展示会が，担当者の自己満足で終わっては意味がない。その事業を周知し広報するためのPRが不可欠で，ホームページや市報等の広報誌への掲載と新聞やテレビ局などの報道機関への宣伝と取材対応が求められる。

(5) デジタルアーカイブ

『地域資料サービスの実践』，『地域資料サービスの展開』および本書の報告を通じて，デジタルアーカイブは地域資料サービスの展開に欠かせないテーマになっている。しかし，1章「地域資料とデジタル化」で「図書館員の基礎的な技術知識の不足，政策立案構築が不慣れなこと，長期的なシステム，データの維持が人的に難しいという課題から」資料のデジタル化およびデジタルアーカイブの構築が進展していない，と指摘しているように，デジタル化に取り組んでいない図書館も少なくない。このことは，基礎的な知識の不足だけでな

く，事業認定および予算を獲得するための政策立案能力にかかわる問題である。

　実際に実践事例を見ると，補助金等を活用している事例が多く，必ずしも独自予算で構築しているとは限らない。これらの予算獲得に必要なのは何よりも企画力だと言える。そこで問われるのは，デジタル化すべき資料の把握であり，その活用の方法であり，効果と今後の展望を具体的かつわかりやすく説明できるかどうかである。

　つまり，地域資料担当者としてデジタル戦略を練るためには，デジタル化の基礎知識をもち，資料の価値を理解し，政策立案とプレゼンテーション能力を磨く必要があるといえる。

(6)　地域資料の魅力と市民協働

　これまで述べてきたように，地域資料担当者は資料の組織化からはじまり多様な事務量をこなし，高い専門性と技術力および政策立案能力が求められ，迅速な事務処理能力も備えている必要がある。

　しかし，置かれている現実は厳しく，全国公共図書館協議会の調査に見るように，多くの市区町村立図書館では日常的な業務量を一人であるいは兼任でこなしている実態がある[16]。このことを考えれば，責任の重さと重圧に潰されないのが不思議なくらいである。

　それでも本書の報告をはじめとして数多くの先進事例があり，実績が積み上げられている。その原動力はどこにあるのだろうか？　それは，地域資料担当者は一人であっても，それを支える組織の力と周囲の理解があり，何よりも地域資料サービスは魅力とやりがいに溢れた楽しい仕事であることが

最大の要因だと考える。魅力ある地域資料だからこそ，市民協働が可能で参加・協力してくれる市民が存在し，地域資料サービスを推進してくれるのである。

　特に，市民協働を含めてチームで困難な仕事をやり遂げたときの達成感と，高い壁を乗り越えたときの充実感が，地域資料担当者の専門性を高め，チャレンジ精神を支えてくれるわけで，デジタル化の進展によって地域資料サービスの展望は広がっていくであろう。

注

1)　蛭田廣一『地域資料サービスの実践』（JLA 図書館実践シリーズ 41）日本図書館協会，2019
2)　三多摩郷土資料研究会編『地域資料入門』（図書館員選書 14）日本図書館協会，1999
3)　根本彰「地域資料サービスの実践（図書館員の本棚）」『図書館雑誌』114(1), 2020.1, p.44
4)　藤巻幸子「地域資料サービスの実践（ほん - 本 -Book）」『みんなの図書館』510, 2019.10, p.66-68
5)　『LRG』第 31 号（アカデミック・リソース・ガイド，2020.6）に「図書館から Library へ」という特集があり地域資料をテーマとしている。
6)　『図書館界』71(6)（日本図書館研究会，2020.3）に「公立図書館における地域資料に関わるサービスの意義と今後の展望」が特集されている。
7)　『公立図書館における地域資料サービスに関する実態調査報告書』2016 年度，全国公共図書館協議会，2017, p.47
8)　『公立図書館における地域資料サービスに関する報告書』2017 年度，全国公共図書館協議会，2018, p.61
9)　『日本の図書館の歩み 1993-2017』日本図書館協会，2021, p.26
10)　『多摩川流域所在アーカイブズの情報集約・公開に関する調査・研究－地域持続のために』（2017・2018 年度多摩川およびその流域の環境浄化に関する調査・試験研究助成金研究成果報告書），とうきゅう環境財団，2019

11) 根本彰『アーカイブの思想−言葉を知に変える仕組み』みすず書房, 2021

12) 「アーカイブと図書館を知り, よりよく活かす」『週刊読書人』2021 年 4 月 9 日号 (3385 号), 2021.4

13) 『国史大辞典』6, 吉川弘文館, 1985, p.885-886

14) 注 1), p.143

15) 『これからの図書館像−地域を支える情報拠点をめざして』これから の図書館の在り方検討協力者会議, 2006, 第 2 章 2 節 (3)

16) 注 7), p.10

1章 地域資料とデジタル化

1.1 はじめに

　地域資料は刊行物として広く配布されることは少なく，その地域内で流通，所有されていることがほとんどである。

　そのため図書館に所蔵されている資料は内容の是非を問わず，貴重なものとなるのは言うまでもない。しかし多くの図書館を訪問してみると，貴重と考えられる地域資料ほど，書庫や保存箱に入れられ，一般住民に触れる機会が少ないように思える。地域資料は，その地域の文化，芸術，歴史，風俗そのものをダイレクトに知ることができる唯一無二の資料と言ってよいだろう。

　近年，保存を図りつつ，資料を活用する方法として一番先に考えられる方法は資料のデジタル化である。デジタル化後にはデジタルアーカイブの構築，インターネットでの配信により，多方面に時間に関係なく資料を提供できる。ただし，資料のデジタル化およびデジタルアーカイブの構築は，図書館員の基礎的な技術知識の不足，政策立案構築が不慣れなこと，長期的なシステム，データの維持が人的に難しいという課題から進展されていない。いったんはデジタル化をした図書館においても，その後十分に利用されていない，データの追加，システムの更新が行われていないという事例も少なく

ない。

　そこで本章では基礎的な技術知識とは何か，デジタルアーカイブ構築のステップ，活用するための政策を概説する。

1.2 デジタル化の基礎的な知識

(1) スキャニング

　地域資料の種別としては本，雑誌，新聞，絵図，チラシ，レコード，フィルム等，内容から考えると文字，写真，画像がある。これらをデジタル化する際にはそれぞれに適した方法が必要となる。これらが混在して図書館内に所蔵され，地域にも存在している状況がある。

　例として，写真や文章の紙資料をデジタル化することを考えてみよう。アナログをデジタルにするためにはスキャナーまたはデジタルカメラが必要になる。このスキャナーも下記とおりいくつかの種類が存在している。これらの機器を資料の特性，サイズによって選択しなければならない。

1）フラットベッドスキャナー

　ベッドのような形をしており，家庭用の数千円のものから大きめなプロサイズまでである。厚めの本をスキャニングする場合に中央部にゆがみが発生してしまうことが欠点であるが，特殊なエッジをもったブックスキャナーも販売されており，古文書や行政資料等のスキャニングが容易にできる。

2）オーバヘッドスキャナー（ブックスキャナー）

　スキャンするカメラやセンサーが上部にあることから，この名前がつけられている。本をデジタル化する際に使われることが多い。数万円から数千万円まで価格的にも幅広く販売

されている。地域資料は紙が劣化している場合もあり，フラットベッドスキャナーに比較して，デジタル化時の接触が少ないため資料を傷めにくい。

3）フィルムスキャナー

マイクロフィルム，35mm フィルム，8×10，4×5 インチ等の大判サイズのフィルムをデジタル化する際に用いられる。フィルムからデジタル化することは近年少なくなってきたが，図書館は新聞をマイクロフィルムとして所蔵しているケースが多く，この場合はマイクロフィルムスキャナーで効率的にデジタル化することができる。またフィルムは比較的長期の保存が可能となる。

4）ドキュメントスキャナー

枚数が多く，同じサイズの紙資料を連続してデジタル化する際に用いられる。

5）ドラムスキャナー

大判の平らな資料を輪転機のように回転させ，スキャンする際に用いられる。

6）デジタルカメラ

長尺や大判資料をデジタル化することができるため近年多用されるが，用いられるカメラは高精細の撮影ができる高価なものが必要となる。大判の資料の場合は，部分ごとに撮影し，合成することになる。撮影者にはライティングやピント合わせ等，高度な撮影技術と経験が求められる。

(2) デジタル化仕様

1）解像度

A4 サイズ 400dpi とか 600dpi のように記載される。文字が

読める，またはもともとの写真解像度を再現できるかで決定する。

　例えば地域新聞等をデジタル化する際は，活字が小さいことが多いため，400dpi 以上の高解像度を設定する必要がある。この dpi とは 1 インチ当たりのピクセル数を指す。

参考：デジタル化するファイルサイズの計算方法

A4 サイズ 400dpi　フルカラーとした場合

A4 サイズ 210mm×297mm をインチ化　　8.27 インチ×11.69 インチ

それぞれに 400 をかける。8.27 × 400 × 11.69 × 400 = 15,468,208 ピクセル

これに色数 24 ビットをかけると 371,236,992 ビット

ビット（0 か 1）をコンピュータのバイトに換算（8 ビットは 1 バイト）し，さらにメガバイトに換算する。結果 44MB となる。

2）色数

・白黒（2 値）

白の点と黒の点で構成。文字のみで利用，写真には適さない。

・白黒（8 ビットグレイスケール）

白黒を 256 段階で表現。白黒写真や地域資料に豊富にある墨書き文書にも対応している。

・カラー（256 色以下）

カラー表現は可能であるが，階調が不十分で高レベルなカラー資料には向かない。

・カラー（4096 色以上）

一般的なカラー写真に利用，フルカラーと呼ばれる 1600 万色（24 ビット）もある。

3) デジタルフォーマット（静止画）

・保存フォーマット（可逆圧縮）TIFF，JPEG2000 等
　元ファイルサイズを低圧縮可能で，かつ元のオリジナルに戻すことができる。

・提供フォーマット（非可逆圧縮）JPEG，PING，GIF，JPEG 2000
　元ファイルサイズを高圧縮可能であるが元のオリジナルに戻すことができない。JPEG はインターネット配信では最もポピュラーなものであるが，圧縮率を高めるとブロックノイズ等が発生する。

　その他に編集フォーマットとして Photoshop の PSD や Microsoft Windows の BMP があるが，ファイルサイズが大きいためインターネットでの提供には向かない。

参考：ファイルサイズの圧縮

　44MB のファイルを JPEG，1/50 圧縮をかけると 880k サイズのファイルとなりインターネットでも容易に配信ができる。

(3) メタデータ

　デジタルデータにつける項目，本で言えば書誌に該当する。
　メタデータの国際標準として Dublin Core がある。

Title	リソースに与えられた名前
Creator	内容に主たる責任をもつ人や組織など
Description	内容の説明。要約，目次，文書の内容を表現した画像
Subject	トピック。通常，主題を示すキーワードや分類コード
Publisher	利用可能にしているエンティティの責任表記
Contributor	内容に寄与している人や組織の責任表記
Date	リソースのライフサイクルにおける出来事の時または期間

Format	リソースの物理的あるいはデジタル化の形態
Identifier	リソースへの曖昧さのない参照
Language	リソースを記述している言語
Type	リソースの性質，ジャンル。カテゴリー，機能，分野，内容集約度
Relation	関連するリソースへの参照
Source	リソースの派生元リソースへの参照
Coverage	リソースの範囲，対象。場所（地名，緯度経度），時間区分
Rights	リソースの権利に関する情報。知的所有権，著作権，財産権

　これらを資料に合わせて選択し記述形式を決め，ファイルごとまたは画像ごとに固有の管理番号を決定し，Excel 等で入力する。

(4)　アーカイブシステム

1）クラウド型かインハウス型か

　近年は Web 上のサーバである商業クラウドサービスの進展により，高性能で多機能なクラウドサービスを利用することが多くなった。クラウド型は，データの保存やシステムメンテナンスの容易性にメリットがある。一方，施設内にサーバを置くインハウス型は，データやシステムを施設内で運用でき，外部環境に依存しないが，セキュリティ対策，データ運用，メンテナンスに常に配慮が求められる。

2）単独型か連携型か

　単独型は自組織のみのデータを投入，公開可能であり，構築が用意である。連携型は他機関のデータも別々に投入，同

時に検索・公開可能であるが各機関のメタデータのマッチングが必要となる。

3）アーカイブシステムの機能

多様な検索方法，例えば地図からの検索，カテゴリーにより検索，絞り込み検索，年表からの検索，外字や異体字による検索等必要に応じて実装できる。

4）画像データの表示

画像の拡大，縮小，回転，拡大時の全体表示等，さまざまな技術が開発されている。

ただし，拡大時はファイルフォーマットに大きく依存するので，大判サイズの画面表示には JPEG2000 等の高機能フォーマットを利用することが多い。

5）著作権管理

著作権がある場合は，クリエイティブ・コモンズ・ライセンス（CC ライセンス）を掲示することが多い。この掲示で利用側の使い方の範囲を指定することが可能である。「CC0」はすべて自由にデータを利用可能とする表示である。似た掲示として「PD」（パブリックドメイン）はいっさいの権利を放棄する際のライセンスマークである。これらを画像に埋め込んだり，メタデータとして表示することで，利用を促進することができる。

6）API

「API」とは，Application Programming Interface の頭字語であり，これによりコンピュータ同士がデータのやり取りができるようになる。「国立国会図書館サーチ」（NDL サーチ）では検索用 API として SRU，OpenSearch，OpenURL に対応，ハーベスト用 API として OAI-PMH が提供され，NDL サー

チに格納されたメタデータがダウンロードできる。

7）最新技術の活用

・著作権法の改正による全文検索

2019（平成31）年1月1日の著作権法改正施行により，図書館ではさまざまなデジタルデータの活用が可能になった。「著作物の所在（書籍に関する各種情報）を検索し，その結果と共に著作物の一部分を表示する」（文化庁ホームページ原文のまま）は，具体的に考えると地域資料の文字部分をOCRソフトによりテキスト化し，それを用いて全文検索を行い，そこに対応する画像の一部を閲覧させることができると考えられる。これによって，今までメタデータの検索に頼っていた資料の検索が画期的に改善する可能性が出てきた。

・VRを使った資料の閲覧等

図書館の地域資料は，閲覧室，書庫，展示室等，別々の場所に保管されているケースが多い。これらを一括してブラウジングすることは難しかったが，VR技術を使うことで，VR空間の中で一定のテーマで資料を集め，背表紙画像を仮想書架に並べ，探すことが技術的に可能になってきている。

1.3 地域資料アーカイブシステム導入ステップ

(1) 基本計画書の策定

地域資料のアーカイブシステム検討や導入の際には，アーカイブシステム事業基本計画書を策定する。

基本計画書の項目は最低限以下の点が必要となる。

・目的（観光，教育，防災，地域振興等）
・ターゲット（年齢，エリア等）
・提供資料（画像数，資料サイズ，資料の状態：必要に応じて補修，脱酸）
・提供機能（高精細，カラー，連携が必要か）
・導入費用，維持費用
・導入スケジュール（短期と長期）
・導入後の資料追加（定期的な追加資料，緊急度）
・連携先，住民とのコラボレーション
　デジタルアーカイブシステムといえども，この点は一般的な事業計画書と変わりはない。

(2)　機能要件の確定

　システムにどのような機能を持たせるか，基本計画書に添ってハード構成，ソフト，アクセシビリティ，セキュリティ，データ管理・連携を中心として要件を定めていく。必要に応じて RFI（Request for Information）を行う。これは日本語訳すると「情報提供依頼書」となり，図書館がベンダーに対して，会社情報や実績，提供可能なサービスの情報などの提示を求めるものである。

(3)　システムベンダーへの提示

　RFP（Request for Proposal）を用意する。これは日本語訳すると「提案依頼書」となり，図書館がシステムベンダーに対してシステム構築を依頼する際に，必要な要件や実現したいサービスなどを示す書類である。システム発注の際には必ず用意しておきたい。

(4) 仕様書の策定・発注

(2), (3) により詳細仕様を確定し，プロポーザルや競争入札を行う。

その際デジタルアーカイブシステムを取り扱うベンダーは限られているため，ベンダーロックとならない標準的な仕様を作成する必要がある。

1.4 地域資料デジタル化およびアーカイブシステムの課題

過去に資料をデジタル化，デジタルアーカイブ構築時に起きる問題点を列挙しておく。

(1) データの課題

・デジタル化は行っていたが，その後技術進歩に比しクオリティが落ちてしまい，現在のインターネット環境では不十分な状態になってしまった。費用をかけて再度デジタル化を検討している。

・保存データが作成されていなかったため，提供データが失われた際に提供が困難となってしまった。

・特定企業に依存するデータフォーマットを選択したことにより，その後にデータフォーマットが維持されずマイグレーション（フォーマットの変換）が必要になった。

・メタデータの項目が不十分であったが，資料の検索や管理を行うことが難しくなってしまった。

(2) システムの課題

・システム構築後長時間経ち，ベンダーが開発から撤退した

ため，システムが故障後，デジタルデータをアーカイブシ
ステムから取り出せなくなった。
・自家製のシステムを構築し，その担当者が転勤したためシ
ステムの管理ができなくなってしまった。
・システム構築時に初期データを登録したが，その後簡易に
データが登録できない仕組みであったため，追加したい資
料が登録できず利用が止まってしまった。

　これらは実際に各地で現実に起きてしまった失敗事例であ
る。これらの失敗を防ぐためには，データフォーマットやシ
ステムは国際規格に準拠する，メタデータの考え方を外部組
織と共通化したり，システム管理を可能とする設計を行う等，
注意が必要である。
　地域資料のデジタル化は，その図書館所蔵の特有な資料も
多く，中央機関や大学等で行えるとは限らない。そのため所
蔵する機関がアーカイブシステムやデジタルデータを長期的
に維持しなければならない。活用が不足するとシステム維持
費やサーバーレンタル料を継続的に予算化することが難しく
なる。予算を継続的に獲得するためには，利用を常に促進す
るための活用策が重要となる。この点は技術的な問題以外も
含めて考えておく必要がある。

1.5 地域資料の活用に向けて

　地域資料をデジタル化し，デジタルアーカイブシステムを
構築すれば魔法のように利用が活発になるわけではない。提
供後にもさまざまな事業施策や新規データの投入を考えてお

かないと，あっという間に陳腐化してしまう。図書館にある本でも新刊を購入したり，展示をしたり，イベントを行い図書の活用を図っていて初めて利用が生じる。デジタル化された地域資料も同じと考えてよいだろう。

ここで，資料デジタル化およびアーカイブシステムの構築により地域資料を効果的に活用している事例をいくつか紹介しておきたい。

(1) 音声，動画，写真，文字を組み合わせて提供

民話の音声，地域のお祭り動画，歴史資料の翻刻文章を組み合わせることにより，地域を多面的に表現し，新たな資料のつながりを可視化する。

(2) 地域内の他機関のデジタル化資料と合わせた統合検索の提供

他機関の資料と図書館資料を同時に検索することにより，地域の文化・芸術・歴史が簡単に複合して利用できる環境を提供している。例えば，美術館の絵画と図書館の関連本，博物館の歴史物を同時に見ることができることは，互いの資料価値を高めることにつながる。

(3) 住民への地域資料広報，地域を知る機会の提供

地域資料を広く公開し，地域住民の地域への興味をかき立てる。例えば，デジタル化された地域資料を歴史講演会等で表示しながら解説を行う。古い地図と現在の地図を重ねて表示させ，街歩きに活用する。これらにより，資料の価値を高め，住民の興味を高めることができる。

(4)　大型地域資料のレプリカ作成

　地域資料の中で歴史地図等や巻物等大きさのある資料は，保存確保や閲覧場所の制限から閲覧が難しい。これらをデジタル化し，さまざまなサイズで印刷してレプリカを作成することにより，図書館内での常時公開やイベント等で気軽に触れたり，見たりすることができる。地域の資料を身近に感じてもらう機会を創ることが可能となる。

(5)　地域新聞の見出しテキスト化

　図書館内で所蔵する古い地域新聞を新聞社と協議して，その見出しをテキスト化して公開する。図書館では過去の地域新聞記事を探す人が多いが，中央の新聞と違いデータベースで簡単に探せないことがある。このデータベース化により，地域新聞の利用が促進される。

(6)　住民の協力を得る

　現在の地域を知る資料を住民の協力を得て収集し，図書館所蔵する資料とリンクして提供する。このプロセスの中で住民が地域を知ることの促進につながる。

(7)　デジタル教材の作成

　各自治体で学校にタブレットやコンピュータが配布されつつあるが，地域のことを知るためのデジタル教材はまだ不十分であるため，図書館が中心となって子ども向けのデジタル資料を提供し，地域学習のサポートを行う。

(8) オープンデータの提供

　さまざまな地域資料をオープンデータとして提供することにより，地域企業がそれをパッケージの一部や製品の広報活動，観光促進としての活用が可能となる。

　事例(6)については，地域の風景を古い写真と新しい写真を比較して提供している「北摂アーカイブス」がある（2章）。「地域フォトエディター」と呼ばれる地域住民と共同して作成されていることも特徴である。この事例については，それぞれ担当者が紹介しているので，参考にしていただければ幸いである。

　事例(7)については，北広島市教育委員会の「郷土資料教材化事業」電子書籍版「小学校社会科副読本」がある。紙と違って変更が可能であり，印刷も必要ないため，地域内の児童・生徒に継続して提供が可能になる（3章）。

　事例(8)については大阪市立図書館のオープンデータの取り組みで実現されており，地域内の企業等さまざまな活用が行われている。なお，この事業は2017年の「Library of the Year」優秀賞を受賞している（4章）。

1.6 おわりに

　図書館には地域資料として歴史的，文化的資料が数多く所蔵されているが，貸出禁止や閲覧が難しい資料も多く，活用には制限がある。そのため地域資料そのものの住民への周知が不足し，活用が不十分となることが多い。また利用がされなくとも資料の劣化は確実に進むため，資料保存も図ること

が求められる。

　この課題に対して有効な図書館におけるデジタルアーカイブの構築は，職員のICT知識の不足，構築費用の負担，デジタル化のマネジメント不足の課題から，進展されていない。内閣府知的財産戦略本部では「デジタルアーカイブの構築・共有・活用ガイドライン」を策定したが，このガイドラインでは，日本全体が協働し，デジタルアーカイブを推進していくことを明記している。特に公共図書館は，一番手間のかかるメタデータを書誌データとして構築済みであることが多く，他の機関と比較し，デジタルアーカイブを構築しやすく，収集資料の多様性からも地域のデジタルアーカイブの中核として機能することが求められている。

　今後，図書館員にはICT全般に関する基礎知識とマネジメントが必須となるだろう。デジタルアーカイブの構築を推進できる技術知識の理解，最新の図書館システムの状況把握，図書館ウェブページの作成，プレゼン資料の作成，APIの活用等，多面多岐にわたって一定レベルの知識が必要となる。ただし，現状では図書館職員がこれらの技術的な点について完全な知識や能力が必要なわけではない。上部組織への政策提案，図書館内外の資料の把握，住民や他団体等とのネットワークを図るコミュニケーションが図書館員に最初に求められる能力だろう。現在，公共図書館の業界でこれらの能力を学び，経験する機会は一部に限られており，関係する人々のさらなる意欲と努力もあわせて求めたい。

2章 地域住民と協働したデジタルアーカイブ

2.1 はじめに

　大阪府豊中市に，「地域の記憶を地域の記録へ」というコンセプトのもと，2010（平成22）年3月に地域住民とともに行政単位にとらわれないウェブサイト「北摂アーカイブス」が開設された。

　豊中市役所，学校や各団体，事業者，地域住民が保存する地域の風景写真等を貴重な地域資料と考え，収集・整理を行うほか，現在の風景を撮影した写真との新旧比較やキャプションを付与し，ウェブサイトに公開している。ウェブサイトだけではなく，市内各所で写真展も開催し，毎年楽しみにしている市民も多く，事業として定着してきている。これらの活動を担っているのが，おもに地域住民で構成する「地域フォトエディター」と呼ばれる図書館の市民ボランティアである。月に一度の定例会・編集会議およびメーリングリストにより情報共有し，継続的に活動を行っている。

　豊中市立岡町図書館は事務局として，ウェブサイトへの各種問い合わせや「地域フォトエディター」の活動拠点としての役割を担い，地域資料・行政資料の収集を担う参考室・レファレンス担当の職員が担当者となって活動を支えている。

　本章では，「北摂アーカイブス」について，ウェブサイト

更新とリニューアルを図りながら，「地域フォトエディター」とともにデジタル化した写真が地域資料としていかに活用され広がっているのか，さらに今後の地域資料のデジタル化の展開とその可能性について触れていきたい。

2.2 背景と目的

　図書館では，レファレンスサービスを実施する中で，出版物にもなく Web 上にも存在しない地域の歴史・情報を，長年地域で暮らす人々から聞く機会に恵まれる。一方で，老若男女を問わず，自分が住む地域の歴史を知りたいと地域住民が来館する。市町村史で間に合う場合もあるが，求められるのは豊中市全体ではなく住んでいる「〇〇町」のことであり，質問に対して十分に回答しきれないこともある。特に児童に対しては顕著にその傾向があらわれる。児童にとってもわかりやすい地域資料はそれほど多くない。出版物にあるどこかの「大都市」の風景やくらしではなく，祖父母・父母が子どものころ暮らした「このまち」の風景・くらしを見たい，知りたい，この要望にこたえることが事業の原点であり，継続の原動力となっている。また，それは同時に地域の情報拠点である公共図書館としての役割であるとも考えている。

　図書館は比較的早期にシステム化，コンピュータ化していたが，2000 年代初頭はまだ参考室のカウンターに入る際，利用者からの質問に回答したレファレンスノート・記録を参照し，活用した参考資料を手に取り，どの部分を引用したり紹介したかなどを学んでいた。このノートに記録されていること，カウンター越しに利用者から得た貴重な地域情報を整

理・共有化し地域資料として還元できないか，業務をしつつ模索をしていた。

　具体的な成果を得るため，豊中市情報政策部局の担当者からの紹介で，平成20年度（2008年度）財団法人地域情報センター（LASDEC，現在，地方公共団体情報システム機構に移行）での共同研究の機会を得て，「住民参加によるウィキ型地域情報データベース構築に関する調査研究」を複数の自治体，市民団体，学識経験者をメンバーとして，また講師としても招き研究に取り組んだ。共同研究では，地域情報が行政単位に依存しないこと，著作権などの権利，権利侵害，ウェブサイトの運用，閲覧者・投稿者などへの対応など，導入ステップにおける課題を整理した。同時並行で，図書館システムのリプレイスにあわせてシステム構築も行った。

　翌平成21年度には，前年度からの共同研究の構成員を中心に「豊中・箕面地域情報アーカイブ化事業実行委員会」を設置，文部科学省「図書館・博物館における地域の知の拠点推進事業」を受託することになった。利用規約の策定，収集する地域資料（写真）の決定，市民ボランティア（地域フォトエディター）の募集方法について半年間議論を行い，2010年，無事ウェブサイトを公開，現在も更新作業を継続している。

2.3 地域住民との協働−10年の活動・取り組み

　「地域フォトエディター」の活動のメインは，地域の写真収集・整理や撮影を行いWeb上に公開することであり，当初の募集要件にも記載している。しかし，ウェブページの更新だけではこの事業は市民に浸透せず，広がらなければ地域

から写真が集まらない。そこで事業を周知し，写真を収集するためにリアルの「写真展」を開催するようになった。Web上への写真公開，写真パネル作成は，昔と現在の写真を比較することを中心とし，年代や場所など簡潔にキャプションを加えている。「地域フォトエディター」は，市史をはじめ地域資料による予備調査を図書館の支援を受けて行いながら，現在の写真の撮影や地域の取材に取り組んでいる。開発や変化にはそれぞれ理由があって，各写真にもストーリーがある。そのストーリーは人によっては苦い記憶かもしれないが，それぞれが受けた印象・思いも今では貴重な記憶となる。1枚の写真を多面的に捉えることで地域の愛着，地域の誇りにつながっていくのではないかと思う。そうして図書館の資料には記載されていない情報が加わり，キャプションに厚みが増す。

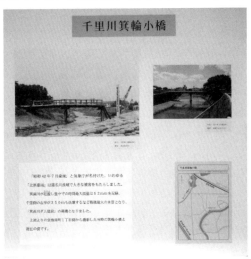

千里川箕輪小橋写真パネル

この写真パネルは、地域の催しや金融機関へ貸し出して、小学校でも「北摂アーカイブス」内にある1枚の写真が校外学習に活用された。例えば、「千里川箕輪小橋」のパネルは、「昭和42年7月豪雨」により決壊した千里川の様子を写し出している。校区内の住民がまち歩きして、地域を学ぶ活動に参加、児童たちに撮影当時の水害と復旧の様子について話した。これからも学習教材として活用される機会が増えることを期待している。

　定期的にWeb上のデータを更新することで、テレビ局から番組で利用したいと連絡が入る。また、デベロッパーからの新築マンションの広告にぜひと依頼もあった。商業的利用とであることから写真提供者に連絡、直接または間接的に二次利用・活用方法について詳細を説明、許諾を得るといった一連の手続きを行うこともあった。提供者からは「当時、フィルムをはやく現像に回すため撮影した風景写真やけど」と、地域の財産として写真が活用される驚きが聞かれた。

　継続的な取り組みから、さまざまな連携・交流により活動内容の幅も広がった。2017年に、「オープンデータ京都実践会」と「NPO法人とよなか・歴史と文化の会」の協力を得て、まち歩きとWikipediaの編集を組み合わせたWikipedia townとOpen Street Mapを使ったまちの地図づくり（マッピングパーティー）を開催した。この企画は、「オープンデータ京都実践会」のメンバーと出会い、「一緒にイベントをやりませんか」と声がかかったことから始まった。「NPO法人とよなか・歴史と文化の会」は、豊中の魅力を伝える活動の一環で、ボランティアガイド「豊中まち案内人」を行っている。2つの団体にそれぞれの得意分野で力を借りて、まちを歩き、名所・

旧跡について図書館資料を使って調べ，記事として記述することで，参加者に地域の魅力を知って発信する楽しさを感じてもらう。それと同時に，「地域フォトエディター」として活動する仲間を増やしていきたい「北摂アーカイブス」の目的とも合致したものである。

「第2回ウィキペディアタウン in 豊中『とよ散歩』」（2018年度実施）

　また，昭和を中心に近現代の豊中の歴史・文化・暮らし・生活などに関する体験を地域の人々に語ってもらい，映像と活字で記録することも実施している。以前，市民から岡町住宅地について勉強してきた資料の寄贈を受けた。たいへん貴重で，当時の住宅地での暮らしぶりなどがうかがえる資料群である。そこで古くから住んでいる市民に，市内の住宅地について語ってもらうような機会を設けてはどうか，これまでのように講演会を開催して終わりとするのではなく，講演会の記録を図書館資料として残し，研究資料として活用していこうと企画が生まれた。

　とはいえ，図書館には聞き書きや聞き取りといったことの

ノウハウがなかったことから，東京の東久留米市立図書館で行われている「語ろう！東久留米」事業を参考にして，準備を進めた。また，以前「北摂アーカイブス」について学生とともに来訪した大阪大学大学院文学研究科の安岡健一准教授に，企画について話したところ，撮影協力してもらえることになった。「北摂アーカイブス」で生まれた成果物を保存・活用していくために，語り手に趣旨を説明するとともに「聞き取り記録に関する同意書」を作成，書面は岡町図書館と大阪大学安岡研究室でそれぞれ1部ずつ保管している。こうして令和元 (2019) 年度は，豊中住宅地と豊中新屋敷住宅経営地，岡町住宅地をテーマに2回，講演会を開催した。

「『わがまちの歴史を語る』講演会」（2019年度実施）

2.4 これから−地域資料をともにつくる

図書館では，地域を知りたい利用者に，昔の地図や古い写真などを提供しているが，この事業に取り組んでから，写真・

資料といった紙媒体だけでなく，映像データや音声データも地域に眠っていることに気づき，活用できないかと考えされられる。例えば，学校なら校歌メロディ，盆踊りなら振り付け，昔のまちの様子のインタビューなど，写真などとそれらを複合的に結びつけていく。図書館も市民や関係部局と連携する中で，幅広い地域資料を整理しつくっていく必要を感じている。

ウェブサイト内でまだまだ未公開の写真があり，その公開も急がれる。著作権許諾という大きな課題もあり，ウェブサイトに掲載したいが権利者がわからず，許諾がとれないまま埋もれている資料を何とか活かせないか，悩みもある。

図書館では，館内で保存している昭和30年代からの豊中市に関する新聞記事について，「豊中市新聞記事見出し検索システム」としてデジタル化を1988（昭和63）年より開始し，登録・保存している。また，デジタル化した『広報とよなか』も，地域を知る貴重な資料として担当部局より預かっている。これらの個別に管理・保存したデジタル資料を，相互で検索できるように整理していくことで，デジタルアーカイブとしての魅力を増進できないかと考えている。地域で起こった事象をウェブサイトでただ情報発信するだけでなく，費用面，著作権などの条件・許諾プロセスの確認，メタデータ付与などに取り組みながら，「地域フォトエディター」とともに一つ一つ解決し，相互にリンクしたデジタル地域資料群の充実へと図れればと思いは広がる。

新たな「地域フォトエディター」が加わることで，お互いに刺激しながらアイデアが生まれ，関心・興味も広がっている。ウェブサイトのカテゴリーは「まちなみ」，「たてもの」，

「交通」などから始まったが,「航空写真」が加わり,今後も新カテゴリーをつくるべく相談をしながら進めている。

図書館法第3条第1項には,「郷土資料,地方行政資料,美術品,レコード及びフィルムの収集にも十分留意して,図書,記録,視聴覚教育の資料その他必要な資料(電磁的記録(電子的方式,磁気的方式その他人の知覚によっては認識することができない方式で作られた記録をいう。)を含む。以下「図書館資料」という。)を収集し,一般公衆の利用に供すること」と記されている。地域の図書館として紙媒体の収集で培ったノウハウを活かし,さまざまな能力や関心をもつ地域住民を巻き込み,図書館職員もデジタル資料の特性をともに学びあい教えあいながら,教育・情報・文化・社会参加の機関として図書館の存在目的を果たすことが求められている。

2.5 おわりに

「地域フォトエディター」の活動記録を地域の記録として保存しようと,『北摂アーカイブス写真パネル一覧2010〜2019』を作成した。この10周年記念誌を,「地域フォトエディター」など関係者だけでも約100人,図書館の関係団体や写真提供者を含め700部配布した。この「北摂アーカイブス」が,さまざまな関係者によって活動が支えられてきたのだと実感することとなった。

誰もが記録を手軽に残せる時代にもかかわらず,地域の記憶とともに記録がなくなり,それがうまく引き継がれていない現状がある。地域の継承力が弱まっているからこそ,ゆっ

くりとであっても，地域住民が主役となって図書館がサポートするこの取り組みは大切であると思う。

　情報の媒体が変わり，紙から電子・映像に変遷していこうと，図書館はわかりやすく情報を整理し，提供できる環境を整えるという基本的機能は変わらず，今後も「地域の情報拠点として役割」を担っていく。図書館は地域を身近に感じ，地域文化の継承と創造に寄与する役割を果たしながら，撮影当時の匂いや熱気さえ感じる「地域のデジタル百科事典」を地域住民とともに編んでいければと思っている。

3章 学校教材としての地域資料のデジタル化

3.1 事業の趣旨および概要

　北広島市は，北海道札幌市と新千歳空港の間に広がるなだらかな丘陵地帯にあり，自然と都市機能が調和した街として都市施設の整備が着実に進められ，1996（平成8）年9月に市制を施行した。1884（明治17）年に広島県人25戸，103人が集団移住し，開拓の鍬がおろされてからおよそ130年，クラーク博士が「ボーイズ・ビー・アンビシャス」の名言を残したゆかりの地であり，今もそのフロンティアスピリットを受け継ぐまちとして急成長している。2018（平成30）年には，北海道日本ハムファイターズのボールパーク構想の誘致が決定するなど，より一層のまちの発展，活性化が進んでいるが，合わせて市民自身が自分たちの住むまちを愛し，誇りに思ってもらえるよう郷土の魅力を伝えていくことが都市型へと向かうまちづくりには何よりも重要と考えている。とりわけ，まちの将来を担う子どもたちに郷土の魅力を伝えていくことが喫緊の課題であるが，子どもが地域を学ぶために活用できるノンフィクションの資料は極端に少ない。

　また，近年は市内各小・中学校の児童・生徒個々にPCやタブレット端末が配置され，インターネットへの接続環境が高速化されるなど，ICT化にむけた基盤整備が急速に進んで

いるが，それらを有効活用した教育手法，学習手法の向上が課題となっている。

　以上のような背景から，北広島市は小学校の社会科副読本に着目し，2019（令和元）年に電子版「小学校社会科副読本・北広島」をクラウド上に制作した。電子化にあたっては，対象資料の見開きページごとに，市内公共施設のデジタルアーカイブ，学校図書館を含む市内図書館の蔵書書誌情報，さまざまな子ども向けウェブサイト，独自に作成した副教材などともリンケージを可能にする教材作成ツール（k-plat）を実装させ，高機能化を図った。

　この電子版副読本の最大の特徴は，教員のみならず市図書館・学校図書館の司書が学習に有用な資料やサイトの情報を提供することで，学校や地域の図書館を有効に利活用した授業を促すことができ，かつ，地域の学芸員，市広報担当などの地域情報のエキスパートが，自らの専門的知識や経験を基とした情報資源を提供することで，教員が行う授業をより密度の高い，生きた授業へと進化させることを可能にしているところである。2020（令和2）年より，このツールシステムを活用した郷土学習授業を市内各学校で展開していく予定であったが，全国的にも例のない試みであり，当面は，電子版副読本活用の実践的調査研究を行った上で，それらの成果を公開・伝達し，市内全域での普及をめざすこととした。

3.2 電子版副読本およびk-platの概要

(1) 電子版副読本について

　「小学校社会科副読本・北広島」が電子版になったことで，

各教室で大画面に投影したり，タブレットでの閲覧が可能となった。

　さらに，各教員が自作した資料やウェブページなどを貼り付けておき，授業中簡単に同一画面上に呼び出すことができ，作成した資料は他の教員と共有することも可能である。

電子版副読本図面

(2)　副読本教材作成ツール（k-plat）

　自分の教材資料を電子版に貼り付けて活用するためには，「副読本教材作成ツール」（k-plat）での作成が必要となる。

　ホームページのアドレスをコピーして貼り付けたり，自作した資料データや他の教員が作成したファイルを選んで流用したり，副読本を活用した授業を，よりリアルに向上させる

ことが可能となる。

　例として，副読本「第9章　昔から今へと続くまちづくり」の191ページに，地元の名士である中山久蔵の郷里太子町の記述がある。太子町には，その名の由来のとおり聖徳太子の陵墓があり，疑似的にそこに行ってみる。Google Map で聖徳太子廟を探し，上図のようにストリートビューで，その前に立つような仕掛けを簡単につくることができる。

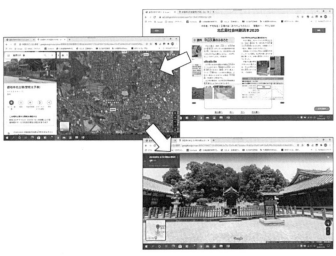

k-plat　展開画面

3.3 取り組みの内容

　令和2（2020）年度に行ったおもな取り組みは，以下の3点である。

(1)　k-plat 研修会

　　市内小学校 3・4 年生担当教員および図書館司書・学校司書を対象に，教材作成ツールの実技研修会を開催した。

(2)　電子版「小学校社会科副読本・北広島」を活用したモデル授業の実施と収録
・11 月 10 日　大曲小学校 3 年 1 組教室　対象児童 40 人
　担当：山本和彦教諭
・11 月 27 日　緑ヶ丘小学校 4 年 1 組教室　対象児童 40 人
　担当：山崎智行教諭

(3)　電子版「小学校社会科副読本・北広島」活用の調査研究報告書作成

　　教員のほか関係機関に配布することで，より一層の普及をめざすため，活用の記録や意見などをまとめた活動報告書を作成し，関係者に配布のほかホームページ等に掲載した[1]。

3.4 成果の概要

　この事業において最も大きな成果は，2例の先進的なモデル授業を行えたことである。副読本を使用する小学校3年生と4年生で各1例の実績があり，2例ともこのシステムを存分に活用した授業となっていた。

　新型コロナウイルス感染症拡大防止のため，教員を対象とした研修会については，参加人数の制限や長期の臨時休校明けの過密スケジュールなどの影響で，当初見込んでいた開催回数と参加人数には達することができなかった。したがって，2020年度においては電子版社会科副読本活用の裾野を広げるという点で多くの課題を残すこととなったが，学校図書館・地域の図書館がICT環境を駆使して学校と連携し，先端的な授業内容を実現できたという点では，大きな事業効果を得られたものと考えている。

3.5 モデル授業の様子

大曲小モデル授業風景

モデル授業を実施した大曲小学校，緑ヶ丘小学校ともに，

黒板上の大型スクリーンに電子版副読本を投影しての活用であった。内容については，実際に収録を見た研究協力者が報告書に書いたレポートの一部を引用する[2]。

「大曲小学校，緑ヶ丘小学校ともに，社会科副読本の記載内容と関連性の高い情報が電子的に紐づけられていた。どちらの授業でも Google Map やストリートビューが使用されていたことは興味深い。大曲小学校の授業では，市内の過去の写真と同一地点の現在の様子をストリートビューで映し出す。両者の比較によって児童の知的な好奇心や関心が高まり，授業への集中度が増していくのがわかる。過去と現在を比較する作業から，昔の道具を調べ，実物を手にする次のテーマに移行する流れは自然である。

緑ヶ丘小学校の授業は，北広島の開拓から現在に至る歴史過程を学ぶ。授業導入部では北広島の人口の推移を表すグラフが用意されている。このグラフによって 1968 年の町制移行，1996 年の市制移行の歴史を視覚的に理解できる。

教科書と関連する地図・写真，図表・グラフや文書類など外部の資料を自由に選び学べるのがこの教材の特徴と考えられる。どちらの授業においても，教師と児童はアナログとデジタル資料を行き来しながら楽しそうに授業を進めている。外部の資料に触れることで新しい授業展開が可能になり，さらに子どもたちの自由な発想や自発的な学びを誘発する期待が持てる。」（佐藤達生・財団法人図書館振興財団事務局長）

この授業の後に，授業を受けた児童に対して指導教員によるアンケート調査が行われたが，同様にその一部を引用する。

「実際に授業を行った学級2クラスの児童に対してアンケートを行い，（ア）から（エ）の4つの質問に対して，A＝とても，B＝まあまあ，C＝あまり，D＝まったく，の4段階で評価してもらった。

　日常の授業に対して（ア）のように回答している児童の70％が電子版による授業に対してA『とても興味が持てた』と回答し，D評価が0％となった。さらに，今後も電子版副読本を使用した授業を受けたい（A＋B）と回答する児童は95％を超えた。

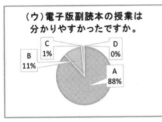

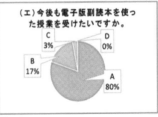

　　これは，あくまでもモデル授業に対しての評価であるが，電子版副読本を活用した授業が児童の学ぶ意欲や理解度を高めるのに効果的であることが示されており，日常的に活用することで一層の効果を発揮することが期待できる。」
（山本和彦・大曲小学校教諭）

3.6 図書館とのつながり

k-plat 上には，図書館職員による情報提供として，各単元・ページのテーマに沿った図書やウェブサイトが司書によってリスト化され，アップされている。リスト上から直接書籍の予約もできる。もし，地域や学校図書館の電子図書館化が進めば，そのままオンライン上で貸出を受けて読み進めることも可能となる。

「学校の教科科目に図書館や博物館など地域の専門的機関が連携する意義を考えてみよう。電子版副読本に教材作成ツールを実装させることにより，共有やバンク化，供用が実現し，情報のネットワーク化を容易とする環境が整った。具体的には先に述べたように，電子化されたアーカイブ資料（画像・映像），書誌情報を収載した文献など，専門的機関が発信した情報にリンクした学習教材の提供である。

人として生きるために『教育』をとらえようとする考えに立ち，地域のあらゆる人々に学習の機会を提供する役目を担うのが図書館や博物館に代表される生涯学習施設とその機能であろう。このようなツールを通じて公共図書館などの地域資源が，児童の学習支援に導入されやすい環境が作られることは，学校図書館にとっても非常に大きなメリットとなるだろう。」（木村修一・北海道武蔵女子短期大学教授）

3.7 地域教〈財〉として

地域資料のデジタル化公開と活用は，今までの関係性を広げたり，より強固にするなどして，新たな人のつながりを生

みだす。電子版副読本と教材作成ツールというプラットフォームができたことで，教員間での情報交換はもとより，学校図書館・地域の専門施設間との地域資料や学習情報のやり取りが，よりスムーズになり，かつ開かれたものとなった。

　子どもの発達成長の通過点に，このような地域学習ネットワークの恩恵が用意されている学校や地域社会は，子どもにとって楽しく得難い環境であろうし，そこでの経験が子どもの主体的な社会性や地域社会への思いをもたらすものと考えている。

注

1)　電子版「小学校社会科副読本・北広島」活用の実践的調査研究報告書（2021年3月25日　電子版「小学校社会科副読本・北広島」活用の実践的調査研究企画運営委員会編）
　2021（令和3）年4月現在，下記に掲載されている。
・北広島市図書館ホームページ（図書館の活動→北広島市図書館活動報告内）
2)　引用はすべて「報告書」中の研究協力者による調査研究レポートからのものである。

4章 地域資料のオープンデータ化と活用

4.1 はじめに

　図書館，とりわけ公共図書館において，地域資料の収集・提供は非常に重要な役割として位置づけられている。図書館法第3条「図書館奉仕」には，図書館が努めなければならない事項の最初に「郷土資料，地方行政資料（中略）を収集し，一般公衆の利用に供すること」と記されている。郷土資料や地方行政資料等の地域資料は，収集・保存され，利用されるためにあるのだが，果たしてそれは利用者にとって「活用しやすい」ように提供されているのであろうか。

　本章では，大阪市立図書館が提供しているデジタルアーカイブのオープンデータ化とその利活用等を示し，図書館における地域資料のオープンデータの提供・活用について考えてみる。

4.2 大阪市立図書館デジタルアーカイブについて

　大阪市立図書館は，西区に220万冊を超える蔵書の中央図書館と，その他の23区に1館ずつ地域図書館（各館7〜10万冊規模）を設置している。2台の自動車文庫で巡回する105か所のステーションを含め，中央図書館を中枢とした情報・

物流ネットワークを構築し，スケールメリットを活かして，市内全域に効果的・効率的な図書館サービスを提供している。

大阪市立図書館では「いつでも，どこでも，だれもが，課題解決に必要な情報にアクセス可能な知識創造型図書館」を基盤として，レファレンス（調査相談）機能，情報提供サービスの高度化等を進めている。特に，商用データベースや電子書籍サービス，デジタルアーカイブ等，電子図書館機能の利用促進に力を入れており，レファレンス，情報提供サービス，情報発信機能の拡充を継続して行っている。

図書館情報ネットワークシステム事業は，「大阪市情報化計画」（1994 年度策定）の早期着手事業として位置づけられ，1996 年に稼働した。全 24 館の業務システムオンライン化とともに，情報提供系サービスとして，大阪に関する近世の古文書資料等の保存と提供を目的に，「大阪市立図書館イメージ情報データベース」を中央図書館内の専用端末にて供用開始した。2001 年度からは館内公開限定資料を除いてインターネットで公開を開始した。2014 年 1 月には，システムリプレースに合わせて「大阪市立図書館デジタルアーカイブ」としてリニューアルした。以下にその特徴を述べる。

(1) デジタルアーカイブ搭載コンテンツ・メタデータ

搭載コンテンツには，中央図書館で所蔵する近世の大阪に関する古文書，明治期から戦前にかけての絵はがきや写真，地図等がある（図1）。主な資料群のデジタル化は，1996 年の稼働前後の約 10 年で行った。現在は，予算を確保しつつ，システム未搭載の大阪に関する資料等を順次デジタル化している。デジタルアーカイブ搭載コンテンツ数は，約 29,000

古文書	大阪関係などの古文書、引札、芝居番付、水帳、家分け文書、浄瑠璃本、百人一首文庫、間重富・間家関係文書	国の重要文化財「間重富・間家関係文書」、大阪市指定文化財「水帳」、『摂津名所図会』など大阪に関する近世の和装本や一枚ものなどの貴重資料。錦絵（浮世絵）、第五回内国勧業博覧会関係資料、明治から大正期の「引札」（現在の広告チラシのようなもの）等の近代資料を含む
写真・絵はがき		明治期から昭和戦前期にかけての大阪の名所、風景、建築物を写した写真や絵はがき
地図	地形図・住宅地図、その他（古地図等）	国土地理院発行の地形図（1993 年発行のものまで）のうち大阪府城を含む地図や住宅地図等。一部の古地図を含む

* 下線の資料はオープンデータ対象コンテンツ

図 1　デジタルアーカイブ搭載文書種別一覧

点にのぼる（2021 年 4 月現在）。

　大阪市立図書館デジタルアーカイブ画像のメタデータは，書誌データを基に作成されている。必要最小限の目録データのみだが，後述のオープンデータ化をきっかけに，デジタルアーカイブシステムでの活用を見込んだメタデータの豊富化にも取り組みつつある。

(2)　オープンデータの提供開始

　リニューアル後，検索機能の豊富化や，図書館の蔵書検索システムとデジタルアーカイブとの相互リンクによる操作性・検索性の向上により，関連ホームページへのアクセス数や画像の二次利用申請が増加してきた。大阪市では，行政資料のオープンデータ化や ICT の活用による業務の効率化などを，市の方針として積極的に推進していることに基づき，

市全体のICT施策に沿って図書館の情報化施策を明確に位置づけ，行政の保有資料の活用と図書館業務の効率化をめざして方針を立て，オープンデータ化に取り組むこととした。デジタルアーカイブのオープンデータ化も含めた図書館の情報化施策全体のあり方については，総務省地域情報化アドバイザー派遣制度等を活用し，外部の有識者の意見を取り入れながら検討を進めた。2017年6月に「『大阪市ICT戦略』に沿った図書館の今後のあり方」（以下，「あり方」）を策定し，同アクションプランとともに公表した。「あり方」の策定に先んじて，活力と魅力ある大阪の実現に資することを目的とし，2017年3月にデジタルアーカイブのうち著作権が消滅したデジタル画像情報等をオープンデータとして提供を開始した。オープンデータ提供数は約7,300点，画像にすると約13万枚に及ぶ（2021年4月現在）。

　総務省地域情報化アドバイザーからは，当館の取り組みが長期間地道に継続できていることが評価され，オープンデータについては，①インパクトを与えること，②スピード感をもって進めること，③オープンデータ開始後も継続していくこと，という助言を得た。

① 　インパクトを与えること

　　大阪市という大きな組織の中で，図書館の話題がなかなか取りざたされることがなかったが，市長会見で発表することで，インパクトを与えることができた。実際に，新聞5大紙をはじめ，工業新聞や雑誌等にも掲載されるなど，マスコミにも大きく取り上げられた。

② 　スピード感をもって進めること

　　市長会見のスケジュールが決まっていたので，この日を

目標に，どの資料をオープンデータとして提供するかの確認作業を集中的に行った。また，オープンデータの条件についても，先例や「大阪市オープンデータの取り組みに関する指針」に沿って，自由に利用・改変でき，商用利用も可能な CC（クリエイティブ・コモンズ）ライセンスにおける CC BY4.0 で提供開始した（2019 年 10 月からは，二次利用の条件を CC0（CC0 1.0 全世界パブリック・ドメイン提供）に変更）。

③　オープンデータ開始後も継続していくこと

　デジタルアーカイブをオープンデータとして提供するだけにとどまらず，以降も，展示やイベントの企画，Twitter の活用等，より多くの人がオープンデータに触れる機会をもてるように意識して取り組んだ。

4.3 オープンデータの利活用推進の取り組み

　オープンデータ提供開始以降も，関連図書や画像の展示，画像の人気投票，オープンデータ活用講座などを継続して開催し，周知を図っている。引札（現在のチラシ広告のようなもの）に描かれたキャラクターにニックネームとキャッチコピーをつけた人気投票「OML48 チーム HIKIFUDA 選抜総選挙」では，利用者にも身近に感じてもらえたようで，新聞やラジオの取材を受け，総投票数が 1,000 票を上回った。引札のキャラクターを活用した取り組みは，人気投票以外にも，Twitter を活用した画像作成コンテスト等の関連イベントを継続開催している。

　また，図書館講座の開催前に，オープンデータ紹介のパワーポイントを投影したり，Twitter で定期的にオープンデー

図2　人気投票で1位になった「ちゃりんこ兄弟」（引札『万綿類仕入所』）

タ画像を投稿したりしている。

　こうした継続的な取り組みにより，オープンデータ画像は，食品パッケージやお土産用の紙製ファイルで利用されたり，テレビ番組内で紹介されたり，大阪の催しに関するチラシ等でも頻繁に使用されるようになった。

4.4 オープンデータ化の成果

　デジタルアーカイブシステムへのアクセス数は，現在では，開始前の7.5倍に増加した。一方で，二次利用申請の件数は3分の1以下に減少し，事務手続きの軽減にもつながっている。

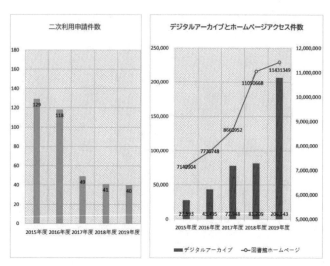

図3　二次利用申請件数とアクセス件数の推移

　2017年11月には，大阪市の方針に基づいて実施したことや20年以上にわたって「しつこく」継続してきた組織力が評価され，「Library of the Year 2017」優秀賞を受賞した。また，2019年3月には，オープン＆ビッグデータ活用・地方創生推進機構（VLED）2018年度勝手表彰貢献賞と，総務省ICT地域活性化大賞2019優秀賞を受賞し，画像の二次利用が実際に進んでいて，図書館が地域のオープンデータ拠点となりうることが示されている点等が高く評価された。

　オープンデータの利活用推進は，特別な経費をかけて実施しているものではないが，Twitterのフォロワーやアクセス数の増加など，オープンデータ提供のインパクトを職員が実感でき，大阪市立図書館全体の取り組みとして一体感をもっ

58

て進めることができている。

4.5 オープンデータの課題と新たな展開－さらに「活用」しやすくするために

　前述のように，大阪市立図書館デジタルアーカイブは25年以上前から取り組んでいるため，画像データの解像度が低く，また，メタデータも画像を探すためのキーワード付与が十分とは言えない。オープンデータの利活用を進める上での課題は，以下の3点である。

1）利用者へのさらなる周知
　アクセス数が増加していても，オープンデータについて十分に知れわたっているとは言えない。
2）画像の高精細化とメタデータの充実
　早期にデジタル化した画像は解像度が低く二次利用に向かない。また，デジタルアーカイブのメタデータは図書館の資料名や著者，出版者等の書誌データを基に作成しているため画像を活用するためのキーワードや情報が不十分である。
3）継続した予算・人材の確保
　デジタルアーカイブの課題としてどの組織でも課題となっているが，大阪市立図書館では，研修や情報共有を行い，図書館の組織目標として全館的に取り組むなど，人材育成は工夫している。予算についても，少額ではあるが毎年確保している状況である。

　こうした課題を解決するために，まずは，オープンデータ

の周知を継続する必要がある。講演会の始まる前にオープンデータ画像を紹介する，図書館で配布するチラシに使用する，講座の関連資料として配布するなど，簡易な取り組みを継続できることが重要である。SNSを活用してネコ等の画像を探すオンラインイベントは，広報を兼ねて実施できると企画したもので，図書館の来館者以外にも参加を呼びかけることができた。このオンラインイベントで集まったネコ，トラなどの情報はメタデータに追加し，キーワード検索が可能となっている。図書館職員以外の担い手を探すために，興味をもってくれそうな人々への働きかけも必要である。シビックテック（地域住民自身がテクノロジーを活用して，地域の課題を解決すること）のイベント等でオープンデータを紹介し，エンジニアやデザイナーの方々へ働きかけたところ，新たなつながりや広がりが生まれた。多くの人の目に触れ，興味深い，かかわってみたいと感じる人たちを増やすことができた。

　また，情報の受け手である図書館利用者にも，その知見や図書館資料を使って得られた情報等を活用してかかわってもらえる仕組みをつくることができればと考える。そうすることで，地域資料であるデジタルアーカイブの充実につながり，利用者が図書館とともに新たな地域資源としてデジタルアーカイブを発信することにも結びつく。そもそもオープンデータは利用者が自由に活用できるので，図書館は，後押しするような取り組みを継続的に実施すればよい。

　2019年1月には，大阪の名所・旧跡を紹介した浮世絵のオープンデータをウィキペディア記事に関連づけるオンラインイベント「Wikipediaで，『浪花百景』を世界に紹介しよう！」の実施をTwitterで呼びかけた。すると，イベントを知った

利用者が，仲間で集まって編集するオフラインイベントを開催したり，他の人が関連づけたものから Wikidata を作成したり，予想外の取り組みに広がっていった。このような取り組みに参加することで，図書館の資源を「自分たちの財産」として育てることになるため，地域やその情報に対しての愛着も湧くのではないだろうか。

　2019 年 3 月には，オープンデータ画像の今後の活用の可能性を広げるべく，大阪市のマルチパートナーシップ制度を活用して企業との連携協定を締結し，多様な組織や研究者，市民とともにキーワードや地名などメタデータを豊富化して新たな地域資料に育てていく「オープンデータ Me-glue-you（めぐるよ）プロジェクト」にも参画している。

図4　キテン・プロジェクト

　2020 年 8 月には，新型コロナウイルス感染症対策の取り組みとして，ソーシャルディスタンスの空間を，文化的・人

間的な活動を創造するために活用することを目的した「キテン・プロジェクト」に参加し，館内の閲覧席にオープンデータ画像を使った「キテンの木」を設置した。また，2021 年 1 月には，高精細デジタル撮影して IIIF（トリプル・アイ・エフ, International Image Inter-operability Framework）に対応した絵はがき画像を活用したオンラインイベント「デジタルアーカイブであそぼう！」で，オンラインゲームでの活用が紹介され，さらなる利活用の輪が広がっている。

4.6 おわりに

　2021 年 3 月に，新たな地域資料のオープンデータ提供をはじめた。大阪市立図書館では，市民から寄せられたその地域の「思い出」に，図書館資料を使って情報を追加し公開する「思い出のこし」プロジェクトを全館で実施している。この情報をホームページで公開するとともに，オープンデータとしてデータセットの提供も開始したところ，ありがたいことにすぐに活用事例の報告があった。

　デジタルアーカイブは図書館資料が，「思い出のこし」は市民の「思い出」が基となっており，出所は違っているが，どちらも，利用者にもっと活用されるオープンデータとして成長することが期待できる。

　新型コロナウイルス感染症の影響もあり，今後ますます来館せずに利用できる電子図書館機能やオープンデータの充実が望まれるだろう。利用者にとって「使える」地域資料として，「オープンデータ」を利用者とともに成長させていきたいと考える。

5章 | デジタルアーカイブ福井の展開

5.1 構築の経緯

　「デジタルアーカイブ福井」は，福井県文書館・福井県立図書館・福井県ふるさと文学館が共同で運用するデジタルアーカイブシステムである（以下，館名を「文書館」，「図書館」，「文学館」と略す）。共同運用ではあるが，登録データの大部分が文書館所管のものであるため，システムの構築・管理は主に同館が担っている。

　文書館は2003年2月，図書館の新築移転にあわせて同一施設内に開館した。設置管理条例では，設置の目的が「県に関する歴史的な資料として重要な公文書，古文書その他の記録を収集し，および保存し，ならびに県民の利用に供するとともに，これに関連する調査，研究等を行い，もって学術の振興および文化の向上に寄与するため」と定められている。

　ここでいう「公文書，古文書その他の記録」には，原本資料だけでなく，1978〜1998年の福井県史編さん事業で作成された古文書などの写真複製本約2万冊も含まれる。すなわち文書館では当初から自館収蔵の原本資料のみならず，他機関や個人が原本を所蔵する資料についても，それを複製本の形で公開することに重要な位置づけをもたせてきた。この点は「デジタルアーカイブ福井」を特徴づける要素の一つとな

っている。

2003 年当初は文書館と図書館とが個別に古文書・貴重図書を管理する資料検索システムを構築・運用していたが，2014 年 3 月からは「福井県文書館・図書館デジタルアーカイブ」として統合し，本格的な画像の Web 公開をスタートさせた。2015 年 2 月には同一施設内に文学館が開館したため，以後は 3 館共用のシステムとなる。

現行システムへのリプレイスは 2019 年 4 月のことで，その際，3 館のシステムにとどまらない「福井県のデジタルアーカイブ」を志向するため，名称を「デジタルアーカイブ福井」と改めた。

5.2 登録資料の概要

画像 1　デジタルアーカイブ福井　トップページ画面

「デジタルアーカイブ福井」では2021年3月末現在，79万3千件の目録情報（メタデータ）を公開している。この目録情報のうち16万2千件に194万9千の画像データが紐づけられ，さらにこの中で画像をWeb公開しているものは4万7千件，50万画像を数える（以下，適宜概数で示す）。

　これらの目録情報の公開は10のグループに大別されて行われ，各グループ内はさらに複数のデータベースを包摂する場合があり，実際の目録種別は全部で14種類となる。

　以下，10のグループと各データベース（目録種別）において登録・公開している資料について略述する。なお，［　］内の館名はそのグループを主管する館を示し，公開件数はすべて2021年3月末現在のものである（表1）。

表1　デジタルアーカイブ福井の公開件数

グループ	データベース（目録種別）	公開目録数	画像あり	Web公開画像あり
古文書	資料群	970	−	−
	資料	193,659	134,817	23,401
歴史的公文書	簿冊	62,.08122	−	−
	件名	140,827	1	1
新聞	新聞	41,205	6,082	2,374
	新聞記事	241,889	−	−
県報	県報	63,384	−	−
写真	写真	19,604	19,604	19,604
デジタル資料	デジタル資料	1,445	1,445	1,445
古典籍	古典籍	4,271	363	340
ふるさと文学館資料	文学館資料群	14	−	−
	文学館資料	1,270	3	3
人物文献検索	人物文献検索	5,746	−	−
行政刊行物	行政刊行物	16,352	−	−
合　計		792,758	162,315	47,168

(1) 古文書［文書館］

　福井県史編さん事業において作成した古文書などの複製物（他機関蔵・個人蔵），および文書館に原本が寄贈・寄託された古文書などについて，その目録と画像を管理・公開している。

　出所の単位でまとめた資料のかたまりを資料群と呼び，例えば「内田吉左衛門家文書」（文書館蔵）や「松平文庫」（文書館寄託），「永平寺文書」（原本同寺蔵）のように称している。目録種別「古文書（資料群）」では，その所在地域や履歴，概要などの情報を登録しており，公開件数は 970 群である。

　またこれとは別に，各資料群を構成する個々の資料について目録種別「古文書（資料）」のデータベースを構築し，そこでは資料番号，形態，年月日，資料名，作成者，宛名，複製本番号などの項目を管理している。現在公開する 19 万 4 千件の目録情報のうち 13 万 5 千件には画像が紐づけられ，そのうち画像を Web 公開するものは 2 万 3 千件である。

　この古文書データベースは資料群の単位を重視していることから，その群に含まれる資料は必ずしも狭義の古文書にとどまらず，古記録や古典籍，絵図などを含む場合がある。また「福井大学附属図書館文書」（原本同館蔵）や「武生市立図書館文書」（原本越前市中央図書館蔵）のように，戦前の行政刊行物や地方誌，雑誌などを含む資料群も多い。

(2) 歴史的公文書［文書館］

　文書館では，県の機関（知事部局，教育委員会，選挙管理委員会，人事委員会など）が作成した公文書で保存年限が到来するもののうち歴史的価値が生ずると認められるものを選別・指定し，これを歴史的公文書として収集・移管している。

歴史的公文書については，「簿冊」単位で管理・公開する目録種別と，各簿冊を構成する個々の公文書を「件名」として管理・公開する目録種別の2種がある。

　目録種別「公文書（簿冊）」では，毎年度2千冊程度を受け入れている公文書簿冊について，その表題，管理番号，作成年度，作成部課，受入年度などの目録情報を登録し，受入の翌年度には全件を公開するようにしている。

　一方の目録種別「公文書（件名）」には，それが綴られた簿冊表題，簿冊番号とともに文書番号，文書件名，文書施行年月日，閲覧の可否などの項目を記載している。現在は簿冊単位で優先順位をつけたり，閲覧申込を機に採録するなどしてすべての簿冊を網羅的に採録対象としているわけではない。

　開館当初はあらかじめすべての簿冊の件名目録を作成し，利用制限に関する審査を済ませた上で簿冊と件名の両方の目録を公開していたが，2007年10月から公開の迅速化を図るため，先に簿冊目録を公開し，閲覧を事前申込制にするよう改めた。申込みから15日以内に審査を行って利用に供している。

　目録種別「公文書（簿冊）」は6万2千件，「公文書（件名）」は14万1千件を公開するが，多くは審査を要する資料であるため，1件を除いて画像をWeb公開しているものはない。

(3)　新聞［文書館・図書館］

　新聞のグループにも2種の目録種別が含まれる。文書館が写真複製本を所蔵する福井県関係新聞の日付・号数などを登録する目録種別「新聞」と，新聞記事（見出し）を採録する目録種別「新聞記事」である。

目録種別「新聞」では，新聞名，年月日，号数，複製本番号などを登録しており，公開数は4万1千件である。このうち明治前期分の号については，紙面画像をWeb公開しているものがある（後述）。

　目録種別「新聞記事」は，文書館と図書館とで分担して24万2千件を公開している。このうち文書館が公開する3万4千件は，県史編さん事業で作成した明治〜昭和前期の記事見出し目録に同館が追加で採録を行ったものである。県史編さん事業では政治・経済などの記事に偏重していたため，文書館ではこれを補足する形で社会・教育・文化など幅広い分野からの採録に努めている。しかし，すべての記事を網羅的に採録するものではなく，また見出し自体が存在しない時期の記事は職員が適宜付与している。

　一方，図書館が管理するデータは1976〜2008年の『福井新聞縮刷版』巻頭にある「今月の主なニュース」からそのまま転記したもので，20万8千件の記事見出しを採録する。こちらは福井県のニュースに限定されず，国際・スポーツ・文化など幅広い内容の記事見出しが含まれている（後述）。

　新聞社の有料データベースとは異なり，新聞（号数）と新聞記事のデータベースが相互にリンクしないため，記事の検索結果から，紙面画像に直接画面遷移することはできない。

(4)　県報［文書館］

　1872〜1971年の福井県の県令・訓令・条例・規則・告示などについて，年月日，号数，県報内容，複製本番号などの目録情報を公開している。大部分は文書館で写真複製本のみを所蔵しているもので，原本は他機関や個人の所蔵となる。そ

のため6万3千件の目録情報を公開しているが，画像データは紐づけていない。

　なお，2005年1月以降の福井県報については，そのPDF版を後掲の「デジタル資料」として登録しており，本文をWebで閲覧することができる。

(5)　写真［文書館・図書館］

　目録種別「写真」では，来歴の異なる3種の写真資料群計2万件を公開している。

　まず1つ目は，県史編さん事業で撮影されたもので，古文書，文化財，絵画，民俗，史跡などを撮影したフィルムをスキャンして画像データ化している。公開中の2千件の多くは他機関・個人の所蔵資料を撮影したものであるため，高精細画像ではなく，サムネイル画像のみを公開している。掲載などの二次利用の希望があった場合には，利用者自身で原本所蔵者の承諾を得てもらい，申請受理後に高精細画像を個別に提供している。

　2つ目は，1950年頃～1999年に県広報課が撮影した行事や施設・風景などの写真，および国民体育大会などの大型イベントの様子を撮影した写真である。フィルムまたはプリントの状態で文書館に移管され，主題ごとに1枚～数百枚が1組になって管理されている。当初，1組につき1件の目録情報を作成したうえで，1枚のみを選択してスキャンし，サムネイル画像を公開していたが，後に1組すべてをまとめてスキャンした画像も追加で公開するよう改めた。公開の迅速化を図るため，作成・公開する画像はサムネイル程度のものにしており，高精細画像の希望者には申請受理後に新たに作成

し直して提供している。目録件数は 1 万 7 千件であるが，実際に所蔵するプリントやフィルムの数はその何倍にも及ぶ。

　3 つ目が，2021 年 4 月に公開を開始した，戦前期の福井県関係絵葉書である。図書館，県立若狭図書学習センター，県立こども歴史文化館で所蔵される絵葉書 1 千件について，その大部分をオープンデータとして高精細画像を Web 公開している。県の事業で撮影された前掲 2 種に対し，市販された刊行物である点において性質が異なる。

(6)　デジタル資料 [文書館]

　目録種別「デジタル資料」では，県の各部課で発行された行政資料（統計や年報，基本計画，機関誌などの行政刊行物）の PDF 版を登録・公開している。

　福井県では「福井県行政資料等管理規程」において，各部課で発行した行政資料は情報公開・法制課長に 16 部送付することが定められ，そのうち 2 部が文書館，5 部が図書館に送付されることになっている。

　近年，紙媒体での発行が中止されたり，ボーンデジタルの行政資料も増えてきたことから，文書館から情報公開・法制課に働きかけ，2019 年 5 月に上記規程の一部が改正された。この改正では，「行政資料等」に「インターネット資料」（周知を目的とした電磁的記録。具体的には PDF や Excel ファイルなど）が含まれることになった。インターネット資料も紙媒体と同様に，発行後すみやかに情報公開・法制課長に送付することが定められ，同課長は文書館長に送付するよう改められている。公開中の 1,445 件については，OPAC からも検索することができる。

(7) 古典籍［図書館］

　古文書の目録形式にそぐわない国書・漢籍その他貴重図書類を管理・公開している。

　現在，図書館蔵の貴重図書に加え，松平文庫（文書館寄託）の国書・漢籍および越国文庫（福井市立図書館蔵）の国書・漢籍・洋書が登録されている。

　1950年に開館した図書館には，古典籍の大きなコレクションはない。前近代のものでは，1536年に越前国一乗谷（現・福井市）で刊行された医書『八十一難経』や，小浜藩医の杉田玄白が翻訳にかかわった1774年刊の『解体新書』初版本などの稀覯書が所蔵されるが，その数は多くはない。一方，近代以降の資料でも，利用要求が高く，かつ取り扱いに注意を要する戦前期の市街図や鳥瞰図などは貴重図書として扱っている。これらは著作権保護期間の満了を確認し，Webで細部まで閲覧できる高精細画像を公開している。

　公開件数は4,271件であるが，刊本が多く含まれ，他機関で所蔵されるものもあることから，画像データ化作業の優先順位は低い。画像が紐づけられる目録は340件で，画像数は4万4千となっている。

(8) ふるさと文学館資料［文学館］

　文学館が所蔵する福井県ゆかりの作家・文学者の直筆原稿や色紙，ノート，写真，愛用品などの目録を管理・公開している。

　同館が扱うゆかりの作家の数は多いが，現在「デジタルアーカイブ福井」で公開している作家別資料群（目録種別「文学館資料群」）は14人分にとどまっている。また，目録種別「文

学館資料」で個々の資料目録を公開しているのは1,270件で，画像をWeb公開しているのは3件のみである。これは著作権保護期間が満了した作家でも，書簡や日記などプライバシーにかかわる問題もあることから，Webでの目録公開・画像公開に慎重な対応が求められているためである。今後は作家関係者の了解を得るよう努め，公開点数を増やしていくことを予定している。

(9) 人物文献検索 [図書館]

　福井県ゆかりの人物の略歴と参考文献をデータベース化したレファレンスツールを「人物文献検索」として公開しており，公開件数は5,746人分である。

　もともとは図書館がカードで管理していたもので，その後は独立のデータベースを構築した時期や図書館システムのレファレンス機能で代替させた時期もあったが，使い勝手を考慮して「デジタルアーカイブ福井」に取り込んで運用し，図書館以外の職員も編集に携わっている。

　前近代の人物や文学者は複名をもつ場合が多いことから，通称や諱，号，幼名などを個別の項目で管理し，例えば「松平慶永」を「松平春嶽」や「松平越前守」でも検索できるようにしている。そのほか時代区分，生没年，ジャンル，経歴，著作の項目も備える。

　この略歴部分とは別に，当該人物に関する参考文献のタイトル，該当箇所，文献種別（伝記／列伝／事典項目／自治体史／部分・記事／子どもなど）を図書館システム，OPACと連動する形で登録・公開している。

(10) 行政刊行物［文書館］

県庁内にある県政情報センターが所蔵する 2018 年度までの行政刊行物（行政資料）の蔵書目録を，便宜的にここで登録・公開している。2019 年度以降分については図書館システム，OPAC で管理・公開しており，今後は順次そちらに移行していく予定である。

5.3 デジタルアーカイブ福井を特徴づける「連携」

「デジタルアーカイブ福井」は，以下のような多重の「連携」をキーワードにして特徴づけられる。

(1) 図書館システム・OPAC との連携

福井県では 2014 年のリプレイス以降，アーカイブシステムと図書館システムの設計開発，情報機器などの導入・設置，保守運用を 1 社に対して包括的に業務委託している。2019 年のリプレイスでは，さらなる利便性の向上と業務の効率化を図るため，両システム間の連携を深めることを重点課題の 1 つとして掲げた。

まず「デジタル資料」は，図書館システムでも書誌を作成し，所蔵情報を登録しているが，資料本体である PDF をアーカイブシステムに登録する際には，先に図書館システムで作成した書誌を流用して目録作成できるようにした。また，OPAC 検索結果画面の「デジタルアーカイブを開く」ボタンから，「デジタルアーカイブ福井」の目録画面に遷移できるようにした。これにより，利用者は OPAC 検索から PDF 閲覧までをシームレスに行えるようになっている。

次に「人物文献検索」でも，アーカイブシステムで参考文献データを登録する際，図書や雑誌の資料番号（バーコード）を入力することで，図書館システムからタイトルや書誌番号を呼び出せるようにした。これにより，レファレンス作業の流れの中で容易に編集を行うことができる。また「デジタルアーカイブ福井」の公開画面では，参考文献タイトルをクリックすると OPAC の書誌・所蔵情報画面に遷移し，検索し直さずとも当該資料の詳細な書誌や利用状況が確認できる。

　「ふるさと文学館資料」では，直筆原稿などの資料がどの書籍に収録されているかを示す「収録資料タイトル」の項目を備えており，そのタイトルをクリックすれば OPAC の当該資料画面に遷移できるようにした。

　このほかにも登録と公開の両面で連携を実現しているが，システム上での連携を効果的なものとするためには，MLA の実務上の連携，個々の職員間の連携が必須となってくる。

(2)　県内の他機関との連携

　同一施設内の 3 館連携に加え，県内の図書館・博物館との連携にも取り組んでいる。

　2019 年 11 月，越前松平家・福井藩に関する資料群「松平文庫」約 1 万点の寄託先が，図書館から文書館に変更された。同家に由来する資料群は，ほかに「越国文庫」（福井市立図書館蔵），「越葵文庫」（福井市立郷土歴史博物館寄託），「春嶽公記念文庫」（同館蔵）として分蔵されている。そのため，各館が公開する目録をそれぞれ検索しなければならない不便さがあった。

　そこで福井市の 2 館に協力を依頼し，2020 年 4 月から「越

前松平家」というグループを立て，3文庫（「松平文庫」の古文書・古典籍，「越国文庫」の古典籍，「越葵文庫」の古文書）を横断的に検索できるよう，「デジタルアーカイブ福井」の画面構成を変更した。

　実現に向けて，福井市立図書館には既刊の『和漢古書分類目録』に所載される越国文庫2,335件の目録情報を表形式でテキストデータ化してもらい，あわせて同館サイトでWeb公開されていた167件，3万9千件の画像ファイルを再編集の上，全件提供してもらった。これを受けて，文書館では原本も複製本も所蔵しない資料について，その目録情報と画像を「デジタルアーカイブ福井」で公開することになった。

　目録に設けた「管理セクション」の項目には「福井市立図書館」，「利用上の注記（原本閲覧）」の項目には「福井市立図書館に事前にお問い合わせ下さい」と表示することで，文書館は目録情報や画像データの内容，原本利用には直接関与しないことにしている。

　一方の越葵文庫については，越前松平家の正史に位置づけられる「家譜」全278件の目録情報とすべての画像データ1万9千件をWeb公開した。文書館では同資料の複製本と画像データを所蔵していたため，それらの「管理セクション」は「福井県文書館」とし，「利用上の注記（原本閲覧）」には「文書館では原本は所蔵しておりません」と表示している。なお，「家譜」のうち松平慶永代53冊分については，2010～2011年に福井県文書館資料叢書『越前松平家家譜』全5巻として翻刻を刊行し，PDF版もWebで公開している。

　また，2021年4月からは，県立若狭図書学習センターと県立こども歴史文化館が所蔵する戦前期絵葉書を図書館所蔵

分とあわせ，1千件を一括公開した。「管理セクション」に
はそれぞれの館名を表示させ，図書館としては「デジタルア
ーカイブ福井」という「器」を提供して連携を呼びかける形
をとった。

　これら2件の他機関所蔵資料の公開は，「越前松平家」お
よび「絵葉書」という特定のテーマを掲げて，文書館・図書
館側からの働きかけで連携が実現したものであったが，今後
は個別の要請にも応えて参加機関を増やしていく予定である。

　なお，他機関の所蔵資料をWeb公開するという方針は，
2020年3月策定の「福井県教育振興基本計画（令和2〜6年
度）」でも「県や市町の文化施設が個々に所有しているデジ
タルデータを文書館ホームページ『デジタルアーカイブ福井』
に集約し，本県全体のデータベースとして情報を発信」と記
され，県の方針として明確な位置づけをもつことになった。

(3)　国立国会図書館・ジャパンサーチ・国立公文書館との 連携

　国立国会図書館サーチ（NDLサーチ）とは2019年4月の稼
働開始時点で連携を開始する予定だったが，「デジタルアー
カイブ福井」の目録種別が多く，メタデータ（目録情報）の
変換（マッピング作業）に想定以上の時間を要したため，翌
2020年3月からの連携開始となった。

　システム開発の段階で国立国会図書館に参加を打診して協
議を開始し，開発仕様書にも「NDLサーチとの連携」，「OAI-
PMHによる連携」を必須項目として記載した。館内での検
討段階では，連携対象とする目録種別を古典籍に限定すると
いう意見もあったが，結果的にはすべての目録種別で連携す

ることができた。2021年3月末時点で，NDLサーチと連携する公共図書館・地方公共団体のデータベースの中では，「デジタルアーカイブ福井」のメタデータ件数が最も多くなっている。

ジャパンサーチについては，NDLサーチとの連携の延長線上で参加することとなり，2020年10月から連携を開始した。

「デジタルアーカイブ福井」に登録している目録情報は，当初より自館データベース内での使い勝手を優先しており，DC-NDL（国立国会図書館ダブリンコアメタデータ記述）に対する検討が十分ではなかった。そのため，連携開始後も自館で部分的な修正を加えたり，国立国会図書館側に断続的に調整を依頼しているのが現状である。

なお，国立公文書館ウェブサイト内「横断検索」との連携は，2019年4月のシステム稼働時点に実現している。

(4) 「みんなで翻刻」との連携

2017年1月，京都大学古地震研究会によって始められた「みんなで翻刻」は，くずし字で書かれた古文書をオンラインで活字化していく市民参加型翻刻プロジェクトである（現在は国立歴史民俗博物館・東京大学地震研究所が運営に加わっている）。2019年7月のリニューアルでデジタルアーカイブの国際標準規格IIIF（トリプル・アイ・エフ，International Image Interoperability Framework）に対応するようになり，さまざまな機関のデジタルアーカイブの画像データが扱われるようになった。

文書館では，以前よりボランティア参加による資料整理や翻刻を進めてきたが，次の段階としてオンラインでの活動の

可能性についても模索していた。しかし,「デジタルアーカイブ福井」は仕様設計の時点では IIIF への対応を考慮していなかったため,目録情報にも IIIF マニフェスト URI が表示されていない。そのため「みんなで翻刻」との連携も難しいものと考えていた。

ところが2020年5月,Twitter 上での文書館職員のやりとりをきっかけに,実は「デジタルアーカイブ福井」が IIIF に対応していることが判明した。その後も Twitter 上で技術的なアドバイスを得ることができ,また「みんなで翻刻」運営者による協力もあって,システムに一部修正を加えることで連携が可能となった。

2020年8月,「みんなで翻刻」にプロジェクト「デジタルアーカイブ福井の資料を翻刻」が立ち上げられ,「くずし字学習用資料」として文書館所蔵資料の中から25点が提供された。同年11月には文書館寄託資料の「松平文庫」からも新たに12点が提供され,多くの参加者が翻刻に取り組んでいる。

2021年3月末現在,「くずし字学習用資料」25点のうち20点,「松平文庫」12点のうち1点が翻刻完了しており,今後も引き続き資料を追加していく予定である。

(5) 新聞社との連携

福井県の地元紙2紙は,過去の記事を検索できる新聞記事データベースを一般公開していないため,検索・閲覧には不便があった(ただし『福井新聞縮刷版』は2011年3月分以降 DVD 版を市販しており,月単位で記事の全文検索は可能)。

図書館では,かねてより1976年11月〜2011年3月分の『福井新聞縮刷版』全413冊について,巻頭の「今月の主な

ニュース」（記事の見出し一覧）の全件テキストデータ化を進めており，職員用のレファレンスツールとして運用していた。

　当初からのデータは，著作権への配慮から一般利用に供するには障害があるものと考えていた。しかし，図書館から福井新聞社に働きかけ，了解が得られたことから，2021年2月よりWeb公開が可能となった。

　図書館ウェブサイト内で「記事の見出し一覧」のPDF版を公開するとともに，「デジタルアーカイブ福井」の目録種別「新聞記事」に1件ずつ登録して公開している。2021年3月末現在で1976〜2008年の377冊分，20万8千件の公開を完了しており，残りの分についても引き続きテキストデータ化に取り組んでいる。

5.4 オープンデータへの取り組み

　「デジタルアーカイブ福井」では，オープンデータへの取り組みに注力している。二次利用のためのライセンス表示や，その他の取り組みを紹介したい。

(1)　オープンデータに関するライセンス表示

　「デジタルアーカイブ福井」のベースとなったパッケージソフトには，画像表示画面にオープンデータに関するライセンスを表示させる機能が備わっていた。そのため2019年4月の稼働を機に，以下の2種の資料の画像についてライセンス表示を行うことにした。

　1つは3館の所蔵資料のうち，前近代のものを中心に著作権保護期間が満了したものである。これに該当する資料は，

画像右下に「著作権なし」を意味する「PDM」（パブリックド
メインマーク）を表示するようにした。もう1つは1968年以
降に県広報課が撮影した写真である。これらは著作権保護期
間が未了であるが，広く二次利用をすすめるために，クリエ
イティブ・コモンズ・ライセンスの「表示ライセンス」(CC BY)
を画像右下に表示するようにした（1967年以前撮影の写真は
PDMとした）。

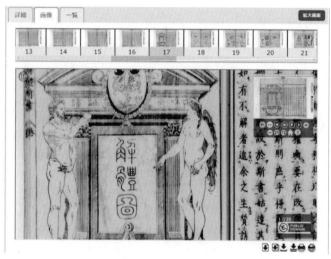

画像2　ライセンス表示

　同様に目録にも「利用上の注記（二次利用）」の項目を設け，
PDMの資料については「この資料は著作権保護期間が満了
しているため，画像は複製・公衆送信・改変・翻訳・翻案・
商用など自由に利用できます（パブリック・ドメイン / PDM）」
と表示し，CC BYの資料については「この資料の画像は，

原作者名の表示を条件に、複製・公衆送信・改変・翻訳・翻案・商用など自由に利用できます（CC BY）。『作成者』『作成者等』の項目を参照のうえ原作者名を明示してください」と表示するようにした。

　また、2020年以降に新たに画像を公開し始めた3館（福井市立図書館、県立若狭図書学習センター、県立こども歴史文化館）に対してもオープンデータの趣旨を説明し、画像に「PDM」を表示して公開してもらうよう依頼した。

　これにより、目録件数としてはPDMが1万4千件、CC BYが1万1千件となり、これらの画像データについては申請なしで自由に利用できるオープンデータとなっている（表2）。

表2　画像種類別の公開範囲とライセンス表示の方針

画像種類	古文書／歴史的公文書／古典籍／ふるさと文学館資料					新聞紙面	写真		
							県史写真	広報写真	絵葉書
原本	県蔵	県寄託（新）	県寄託（旧）	機関個人蔵	市蔵	機関蔵	県蔵	県蔵	県蔵
公開範囲	Web	Web	館内	館内	Web	Web館内	Web	Web	Web
ライセンス	PDM	表示なし	表示なし	表示なし	PDM	表示なし	表示なし	PDMCC BY	PDM

＊県蔵・市蔵の資料でも、著作権保護期間が未了のものはWeb公開を行っていない

(2)　オープンデータへの取り組みの経緯

　文書館でのオープンデータへの取り組みは、2017年5月、デジタルアーカイブ上の情報や画像に関する「学校向けアーカイブズガイド」を作成し、それをCC BY 4.0準拠で公開したことにさかのぼる。

翌 2018 年 5 月には，福井市で「Wikipedia town」が開催された
のをきっかけに，広報課写真の目録に CC BY の表示を
付加し，写真の画像データをオープンデータとして取り扱う
よう注記した。

　さらに，同年 11 月にはデジタルアーカイブで公開してい
る幕末福井関連資料について，その翻刻フルテキストや書簡
集の目録データを CC BY によりオープンデータセットとし
て公開，2020 年 6 月にもそれまで職員向けのレファレンス
ツールとして作成していた福井藩士名簿（給帳データセット）
を再編集の上 CC BY で提供し始めている。

　また文書館では 2003 年，全国の自治体に先駆けて県史の
通史編全 6 巻，資料編（統計），年表，図説を全文テキスト
データおよび CSV で Web 公開を始めていた。2020 年 11 月
には，これらのうち県に著作権がある統計と年表について，
改めて CC BY 4.0 準拠でオープンデータとして公開し直した。

　オープンデータの取り組みによって，画像データの二次利
用の幅は大きく広がった。書籍への掲載だけでなく，ウェブ
ページへの掲載，テレビ番組での放映，菓子や玩具などの商
品化，パネル化による展示など多様な展開が見られるように
なった。また，申請にかかる事務手続きの軽減化が図られた
ことも，オープンデータ化の見逃せないメリットとして挙げ
ることができるだろう。

5.5 明治期新聞画像のWeb公開

　「デジタルアーカイブ福井」では 2020 年 4 月から，明治期
地方新聞の紙面画像を Web で公開し始めた。先行事例とし

て，2016年8月から「高知県立図書館デジタル・ギャラリー」
で1877～1878年の『海南新誌』36号分や1882年の『高知
自由新聞』19号分などが公開され，また2020年3月からは
東京大学の近代日本法政史料センター（明治新聞雑誌文庫）が
「宮武外骨蒐集資料」として1881年の『東洋自由新聞』34
号分および1884～1894年の『改新新聞』1,667号分の紙面画
像を公開していた。これらに対し，「デジタルアーカイブ福
井」における画像公開は，著作権保護期間が満了した記事だ
けでなく，著作権者不明等の記事も文化庁長官裁定制度を用
いて公開した点に意義があると考えている。そこで，以下に
公開に至る作業の経緯などを紹介したい。

画像3　『福井新聞』のデジタル画像

　福井県史編さん事業では，他機関で収蔵される戦前期の福
井県関係新聞原紙をマイクロフィルムに撮影し，写真複製本

を作成していた。文書館では開館時にこれらを継承し，明治期分についてマイクロフィルムのデジタル画像化を行い，複製本とあわせて館内端末に限定して公開し始めた。

地方紙は当該地域の近代史研究のみならず，文化史やルーツ調べなどに高い有用性をもち，世界各国の図書館・文書館では紙面画像の Web 公開が進んでいる。2019 年の「デジタルアーカイブ福井」の稼働後，文書館でも紙面画像の Web 公開を検討し始めたが，国内での同種の先行事例はなく，手探りの中での事業着手となった。

対象となった新聞は，1882〜1891 年（明治 15〜24 年）に刊行された『福井新聞』（第 1 次），『福井新報』，『福井新聞』（第 2 次）の号外を含む 2,374 号分である（9,385 画像）。原紙は国立国会図書館に所蔵されていたため，同館に相談したところ，Web 公開に関する利用申請は不要との回答が得られた。

発刊から 100 年以上経過した新聞記事のほとんどは，著作権保護期間が満了しているものと思われたが，適法に利用するために万全を期し，文化庁長官裁定制度を利用して Web 公開することにした。

最初に着手したのは署名記事の抽出と分類である。1967 年以前公表の無署名記事はすでに保護期間が満了しているが，署名記事の中には未了のものが含まれる可能性があったためである。職員全員で分担して署名記事を抽出し，それらを本名と変名とに分類した。本名での署名記事のうち，1967 年以前に没したことが明らかな人物の記事は著作権が消滅しており，また本人特定できない変名による記事も保護期間満了扱いとなる。

上記の過程を経て残った権利者不明の署名記事が，文化庁

長官裁定制度の対象となる。文化庁の「裁定の手引き」を参照し，同庁担当者と相談しながら，権利者捜索のために必要な「相当な努力」として以下の調査を行った。

a）名簿・名鑑（著作権台帳，日本紳士録，福井県大百科事典など）の閲覧

b）検索エンジンを用いた調査

c）公益社団法人日本複製権センター「JRRC管理著作物DB」での検索

d）当該著作物について識見を有する者を主たる構成員とする団体への照会

e）文書館ウェブサイトに情報提供を求める記事を掲載し，公益社団法人著作権情報センター（CRIC）ウェブサイト内「権利者を捜しています」に概要記事と当館サイトへのリンクを掲載

約3か月間にわたる調査の結果，174人分471件の署名記事が「著作権者不明」にあたることが判明した。裁定申請に必要な補償金は日本複製権センターに依頼して10,362円と算定されたが（記事単価4円×471件×5年間＋消費税），地方公共団体は補償金の事前供託が不要とされている。申請書と添付資料，申請手数料が文化庁に受理された時点で公開可能となり，2020年4月からのWeb公開開始となった。

このWeb公開にあたって要した期間は約4か月間で，主に担当した職員は2人（ただし他の本務の傍らの作業），また費用は15,150円（著作権情報センターのウェブサイト掲載料8,250円と文化庁への申請手数料6,900円）である。なお，利用期間は5年間に設定しており，継続してWeb公開するには，期間満了時にあわせて再申請が必要となる。

およそ9年間分の地方紙の紙面画像を文化庁長官裁定制度も用いながら Web 公開したことと，公開開始時期が新型コロナウイルス感染症の影響による外出自粛時期に重なったこともあり，国内外から好意的な反応が寄せられた。なお，公開後にも画像を高精細なものに差し替える作業や，当該期の記事見出しを追加採録する作業に継続的に取り組んでいる。

5.6 まとめにかえて

文書館では，2019年の「デジタルアーカイブ福井」の稼働を機に，画像の Web 公開件数を増やし，またできる限りそれらをオープンデータとして提供する方向性を強めるようになった。その実現のために，それまでの二次利用条件を改めたり，「寄贈寄託受入要領」（内規）を改訂して寄託資料の画像も Web 公開できるようにするなどして，制度面での見直しも行っている。

その後2020年からの新型コロナウイルス感染症の影響を受け，文書館では非来館型サービスに軸足を移すことになり，「デジタルアーカイブ福井」の充実は，それまで以上に重要な課題として位置づけられるようになっている。

文書館にとってデジタルアーカイブの充実は，じつは目録作成と画像作成（撮影）という文書館本来の地道で膨大な日常業務を淡々とこなすことでしか実現し得ない。一方，図書館にとっての地域資料サービスの進展は，サービスの蓄積の中で作成してきたレファレンスツールや画像データにひと手間を加えて，デジタルリソースに転じさせることで実現可能である。将来の展望と業務の優先順位次第では，デジタルア

ーカイブをさらに展開させていくことは可能であろう。

　画像の Web 公開およびオープンデータ化は，これまで MLA が当たり前のこととして行ってきた「申請→許可→二次利用」という枠組みを大きく揺さぶるものであり，この「大転換」に抵抗感を覚える関係者も少なくない。しかし，今後オープンデータの波が引くことは考えにくい以上，その波に乗ってデジタルアーカイブの充実や地域資料サービスの進展に取り組む大きな好機と捉えたい。

参考文献

・平野俊幸「福井県文書館の設置経過について」『記録と史料』12 号，2002

・柳沢芙美子「福井県文書館の行政組織上の位置づけと業務連携」『北陸史学』68 号，2019

・福島幸宏「図書館機能の再定置」『LRG』31 号，2020

・長野栄俊・田川雄一「文化庁長官裁定制度による明治期地方紙のインターネット公開」『カレントアウェアネス−E』No.394，2020

・田川雄一「文化庁長官裁定制度を用いた地方新聞画像のインターネット公開とその反応」『図書館雑誌』115 巻 1 号，2021

・宇佐美雅樹「福井県文書館の非来館型サービスについて」『アーカイブズ』79 号，2021

・柳沢芙美子「コロナ禍の中で変わったこと，変わらないこと−福井県文書館の閲覧・利用とオープンデータ化の取組みから」『記録と史料』31 号，2021

6章 民間資料の保存をめぐる現状と課題—多摩地域を中心に

6.1 はじめに

　本章では，地域に残る歴史資料保存のあゆみと課題について東京都西部の三多摩地域（以下，多摩地域）を中心に紹介する。地域資料とは，古文書などの歴史資料のほか図書や埋蔵文化財，民俗資料，無形の文化財，建造物，史蹟などを包括する用語として使用されることも少なくないが，本章では民間に伝来した近世・近代文書などの文書資料（アーカイブズ）を念頭において論述を進める[1]。

　日本は，前近代の記録が今なお民間の個人宅に多数所在している世界的にみても希有な地域である。それらの多くは，「文化財」として行政に指定・保護されることなく，近世に村役人を務めた家などにおいて現在まで保管されてきた。このような民間アーカイブズを保存しようとする運動は，戦後まもない頃から歴史研究者によって推進されたが，その後資料保存の担い手は広がりをみせ，今日新たな局面を迎えている。

　人口減少および都市への住民流出による地域社会の衰退が21世紀に入ってから加速し，これまでアーカイブズを保有してきた家が維持できなくなってきたことにともなって，地域資料が失われつつある。これに対して，歴史学やアーカイブズ学などの研究者や博物館の学芸員，図書館の司書，文書

館のアーキビストといった専門職の人々，歴史資料に関心をもつ市民らは，民間に伝わってきたアーカイブズを保全し地域の持続に活かそうと模索している[2]。また，近年相次いで発生している大規模自然災害も地域資料保全への意識を高めてきた。全国で災害の発生に備えた「史料レスキュー」のためのネットワークが整備されるとともに，「郷土史」や地域資料の意義が見直されている[3]。

　本章では，民間資料の保存と活用に関する現状と課題を実態に即して理解するために，多摩地域を事例として戦後の地域資料保存の足取りをたどり，これからを展望したい[4]。

6.2 戦後における民間資料の所在調査

　民間資料を保存・活用するためには，それらの所在状況を把握し，資料の所蔵者・保存状況・点数といった情報を集約することが前提として必要となる。まず，多摩地域において近世庶民史資料調査委員会・東京都が行った民間資料所在調査の概略を確認しておきたい。

　民間アーカイブズの所在調査を全国規模で最初に試みたのは，1947年に発足した「近世庶民史料調査委員会」である。戦後，散逸・消失してゆく民間資料を保存すべく文部省が旗を振って組織されたのが，近世庶民史料調査委員会であり，以後その役割は1951年に設立された文部省史料館（その後，国文学研究資料館史料館，現・国文学研究資料館）に委ねられた。一方で，各地で自治体による文化財調査も行われるようになった。東京都においては1954年以降に，教育庁による文化財の総合調査が実施されている。

多摩地域では近世庶民史料調査委員会による所在調査の後，10年ほどを経て，東京都教育庁による民間資料の本格的な調査が行われている。

(1)　近世庶民史料調査委員会

　敗戦後の改革によって旧来の地主層などが没落したこと，紙不足による古紙への需要が高まったことなどを背景として，近世以来の有力者の家に伝来してきた文書が散逸・消失していった。このことを問題視した農林省，そして文部省は歴史資料の調査と収集に乗り出す。結果として1947年に文部省の特別研究費の補助を受けて設置されたのが近世庶民史料調査委員会であった[5]。近世庶民史料調査委員会は，全国を8つの地区（北海道，東北，関東，中部，近畿，中国，四国，九州）に分けて分科会を設置し，各地の歴史研究者らを調査員・研究員として各分科会に所属させ，民間資料の調査に動員した。

　調査の成果として提出された『近世庶民史料所在目録』全3冊[6]には，全国の文書群の所蔵者，旧地名，数量，年代，内容，利用の各項目が記載されている。『近世庶民史料所在目録』は文書群の概要のみを示したリストだが，より詳細な文書目録も作成された。全国の目録は文部省史料館および京都大学経済学部が所蔵し，各地区の分は北海道大学農学部農業経済研究室，東北大学附属図書館，東京大学文学部史料編纂所，名古屋大学経済学部，京都大学経済学部，広島大学文学部国史研究室，松山商科大学経済研究所，九州大学九州文化研究所が保管した。

　『近世庶民史料所在目録』に掲載されている多摩地域の文

書群は，第1輯では武蔵野市2，三鷹市3，西多摩郡青梅町1，同三田村4，北多摩郡府中町1，同小金井町2，同谷保村2，同狛江村1，南多摩郡浅川町1，同由木村1，第2輯では八王子市1，青梅市1，西多摩郡成木村1，同三田村2，北多摩郡昭和町2，同小平町1，第3輯では西多摩郡東秋留村1である（地名は当時のもの）。合計で28件であるからごく断片的な調査ではあるが，対象となった文書群に関しては，敗戦直後の時期の状態を示す情報として大変貴重である。

(2) 東京都の文化財調査

　続いて，東京都による都下の文化財調査の一環として多摩地域の民間アーカイブズの所在調査も行われた。文化財調査は，自然・考古・建築・美術・民俗といった分野ごとに手分けして実施され，多摩地域は南・北・西の三郡に分けて段階的に作業が進められた。1958年に南多摩郡，1962年に北多摩郡，1965年に西多摩郡で悉皆調査が試みられている。文書調査の担い手となったのは，東京都から委託された研究者とそれに協力した学生，「郷土史家」らである。この調査では，主に近世から明治前半期にかけての文書を対象に，文書群の概要と1点ごとの目録が作成された。その一部は，報告書にも収載されている。以下，『東京都文化財調査報告書』にしたがって，各郡における調査の概況を示しておく[7]。

① 南多摩郡

　南多摩郡の調査は，多摩丘陵地域と浅川流域に分けて実施された。

　多摩丘陵地域の報告書を作成したのは，伊木壽一（立正大学。

所属は当時。以下同じ），木村礎（明治大学），伊藤好一（明治高等学校），安澤秀一（文部省史料館），新倉善之（立正大学），北原進(同)といった顔ぶれで，いずれも日本近世史や古文書学・史料学の研究者である。伊木が全体を総括し，安澤が稲城町・多摩村・町田市忠生地区を，木村・伊藤が由木村・町田市堺地区・同鶴川地区を，新倉・北原が町田市旧町田町地区を分担している。この調査で訪問した家や寺院などは約120件，作成された目録は総点数約34,000点に及ぶ[8]。由木村で20，多摩村で14，稲城町で14，町田市堺地区で8，同鶴川地区で7，同忠正地区で15，同旧町田町地区で17の文書群が調査されている[9]。

　1958年6月に事前の予備調査を行い，本格的には7月から翌年3月までのわずか9か月程度で実施された調査であった。短期間に多大な労力を費やして行われた事業であったことがうかがえるが，総量は「予想より少いものであった」という[10]。調査対象とされた文書群の中には寺院文書なども含まれるが，大部分は近世村役人の家に伝来した地方文書であった。古い文献にみえる資料所蔵者にあたっても，すでに移動・散逸してしまっていたケースも多かったようだが，当地でさかんであった養蚕業・製茶業で和紙が再利用されたことにもその原因が求められている[11]。

　続いて，浅川流域の所在調査報告書を執筆したのは，伊木・木村・伊藤・安澤・新倉・北原および神崎彰利（明治大学刑事博物館），嶽本寿郎（立正大学院生），斉藤典男（同），中井信彦（文部省史料館）である。日野町・七生村・小宮村を新倉・嶽本・斉藤，八王子村・元八王子村・由井村・横山村を木村・伊藤・神崎，恩方村・川口村・加住村を安澤・中井・北原，

浅川町を北原が担当し，伊木が全体のとりまとめを行った。
七生地区で26，日野地区で35，小宮地区で16，八王子・元
八王子・由井・横山地区で52，川口地区で3，恩方地区で4，
加住地区で2，浅川地区で14の文書群が確認されている[12]。

　調査に入った文書群の所蔵者数は189件で，文書の点数は
26,160点であるが，明治期の戸長役場文書等は目録から除外
されたことから，実際の点数はさらに膨大になることが見込
まれている。また，本来の所蔵者の数も「この約3倍近くに
上るのではないか」と推測されている。一方で，空襲の被害
を受けた八王子市街地や日野・浅川の一部地域では，焼失し
てしまっていた民間資料も多いことが報告された[13]。設楽政
治家（川原ノ宿），花屋旅館（小名路）の文書のほか，八王子
市浅川支所の役場文書などが戦火で失われたことが聞き取り
調査の結果判明している[14]。

②　北多摩郡

　北多摩郡南部の報告書作成は，南多摩郡に引き続き伊木・
木村・伊藤・新倉・北原・神崎・嶽本が中心となり，志水正
司（慶應義塾大学助手），高橋正彦（同）がこれに加わっている。
全地域の総括は変わらず伊木が担ったほか，立川・昭島は伊
藤，国立・国分寺は新倉・嶽本，府中は北原・高橋・志水，
調布・狛江は木村・神崎が担当した。この調査では，立川で
7，昭島市旧拝島地区で9，同市旧昭和地区で13，国分寺で9，
国立で3，府中で22，調布で22，狛江で2の文書群の調査
が実施されている[15]。

　北多摩郡南部では，多摩地域の開発にともなう旧家の移転，
農地の住宅地化によって廃棄処分されてしまった古文書が多

数にのぼったとされる。それも，この調査団が入る直前に失われたものも多かったようで，報告書の行間には悔しさがにじんでいる。一方で，旧家のアイデンティティにかかわるような，戦国期以前の「所蔵者の財宝」とでも呼ぶべきものは現存している傾向にある，と記されている[16]。

なお，北多摩郡の北部の調査にあたっても調査団内に古文書班が組織されているが，報告書に記載がないため具体的な成果は判然としない[17]。

③ 西多摩郡

西多摩郡東部の調査報告書を作成したのも南・北多摩郡のメンバーと大きくは変わらない。伊木・木村・伊藤・志水・高橋・北原に加えて是沢恭三（文化財保護委員会調査員），関利雄（中野区教育委員会）が名を連ねた。やはり伊木が全体を統括し，青梅市域は北原，羽村・福生は伊藤，瑞穂は木村・関が主に担当した。是沢・高橋・志水は寺院・神社所蔵文書の調査にあたっている。羽村・福生の 15，瑞穂の 4 の個人所蔵文書のほか，25 の寺社文書が調査対象となっている[18]。

この調査報告書で注目されるのは，戦前より「地元研究者・郷土史家」が積み重ねてきた研究・調査の成果を「掠奪」する「中央研究者」を批判し，「公開・平等利用の原則」が主張されている点である。「古文書・古記録類」を「国民（直接的には都民）の文化財」であると認識し，調査結果は所蔵者や特定個人にのみ帰すべきものではないとの見解が述べられている[19]。戦後の「史料保存運動」や「地方史」研究の動向[20]を背景とした地域資料調査に対する 1960 年代の歴史家の構えとして留意しておきたい。

なお，西多摩郡の場合，西部の調査も実施されたことはうかがえるが，報告書の中に文書調査の成果は明示されていない[21]。

　上記の所在調査は，東京都教育庁社会教育部文化課を担当部局として東京都文化財専門委員会議の意見を求めた上で，市町村の教育委員会，地元の有識者，「郷土史家」，資料所蔵者と連携しながら進められた。例えば，秋川流域の調査では多摩郷土研究の会（後述）の常任委員である稲葉松三郎，山上茂樹，塩野半十郎，安藤精一が調査員として参加している[22]。調査団は，当初近世後期に編纂された「新編武蔵風土記稿」や「武州文書」を頼りに資料所蔵者にあたったようだが，すでに所蔵者が不明なことも多く，地域資料の状況をよく知る「郷土史家」らと協同しなければ遂行できなかった事業であった。また，調査の成果を市民に還元する場として「中間報告会」を実施するなど，地域の住民に開かれた形での調査活動を意識していたことがうかがえる[23]。

　東京都の調査で捕捉された民間資料は，近世庶民史料調査委員会が発見することができた文書群を大きく上回るが，東京都においてこのように大規模な文化財の総合調査はこれ以降行われていない。原則として調査後も資料は所蔵者のもとで保存され，後追い調査はなされていないため，その後の行方が現在ではわからないものもある。近世庶民史料調査委員会や東京都が見いだした文書群の追跡調査は，今日取り組まなければならない大きな課題である。また，この事業で中心的な役割を担った研究者や東京都教育庁社会教育部文化課の金山正好主事らの調査記録も，文書群の伝来・履歴をたどる

上で，そして資料の原状（調査・整理が行われる前の保管状況）を復元する上で有力な手がかりになると思われる。彼らが作成した調査記録も，その有無を含めて確認する必要があるだろう。

6.3 「郷土史」研究と地域資料—多摩郷土研究の会から

　国や自治体による民間資料の調査・保存事業が進められたのとほぼ時期を同じくして，あるいはそれよりも早く，多摩地域では「郷土史家」による資料収集・保存の取り組みが開始されていた。地域社会において歴史研究を営む「郷土史家」は，地域資料の保存に重要な役割を果たしてきた。

　『近世庶民史料所在目録』に記されている多摩地域の各文書群の利用状況を見ると，「郷土史家」や地域の歴史に関心をもつ個人が近世庶民史料調査委員会よりも先に文書群を見いだして歴史研究に利用していた例がいくつか見て取れる。その中には，「八王子史談会」（1922年，八王子市の市民を中心に組織された「郷土史」の研究団体）の中心メンバーの一人であった小松茂盛が収集・保存していた八王子千人同心の文書群のように，原蔵者ではない「郷土史家」のサークルが集めた収集アーカイブズも確認される[24]。多摩地域における戦前期の「郷土史」をめぐる動向は「武蔵野会」を事例に岩橋清美が分析しているので[25]，ここでは割愛するが，大正期から昭和戦前期の「郷土史」研究が戦後の資料保存のあり方に少なくない影響を及ぼしていることには言及しておきたい。

　戦後，歴史資料の保存運動が起こる中で，全国な「地方史」研究の組織として1950年に「各地の地方史研究者，研究団

体相互間及びそれと中央学会との連絡を密にし，日本史研究の基礎たる地方史研究を推進する」ことを掲げた「地方史研究協議会」が誕生した。この頃，各地の「郷土史家」たちも「中央学会」の研究者たちと交流をもちながら，地域資料の収集と保存に着手している。ここでは，多摩地域で設立された「西多摩郷土研究の会」の例からその模様を確認したい。

「西多摩郷土研究の会」は，1950 年 11 月に青梅町・福生町・五日市町・瑞穂町など 23 の町村の人々によって設立された。会の発起人の一人であった近世史研究者村上直（法政大学）によれば，入会者を募るために配付された案内状には「あらゆる面から郷土を探求し散逸され勝ちな貴重な資料の保存蒐集を計る等，郷土のために貢献したい念願であります」（傍点は宮間による。以下同じ）と会の理念が記されていたという [26]。会則でも活動の柱として，郷土研究（考古学，史学，民俗学，地質学，生物学，気象学，其他），研究会・見学会・講演会の開催，機関誌の発行および町村誌・郡誌の編纂と並んで「郷土の文化資料の蒐集　調査　保存」が掲げられている [27]。また，機関誌『西多摩郷土研究』創刊号の冒頭に掲げられた初代会長の久保七郎（東京都立青梅図書館館長）の巻頭言によれば，久保は「元来郷土史料の収集は予てから私に課せられた一大任務であり，この事に関して思い悩んで居つた折柄なのでまとめ役は私の柄ではないが御趣旨には双手を挙げて賛成で驥尾に附して皆様の研究の御手伝をしましよう」という思いで会長を引き受けたというから，「郷土史料」の収集が強く意識されていたことは確からしい [28]。事務所は青梅図書館内に置かれ，月 1 回程度の研究会や見学会が重ねられた。報告・見学のテーマは，古文書などの資料紹介から多摩地域の歴史・

民俗・考古学にかかわるものなどさまざまである[29]。1955年には，会員数の増加（発足当初100人程度だった会員が約200人となる），会員の多様化，扱う研究テーマの範囲が西多摩郡を越えるようになったことなどから「『多摩郷土研究の会』と改称しこの広い範囲のかたがたと互に手を取り，われ等の会として研究を共に進めたい」と会名を変更し，機関誌も『多摩郷土研究』に改められた[30]。

「多摩郷土研究の会」（以下，研究会）は自治体の文化財行政とも深い関係をもっていた。1957年，研究会の顧問で当時埼玉県の「郷土史」研究を牽引していた稲村坦元を招いて開催された「地方史編纂講習会」において，「地方史編纂の方法」や「古文書の見方及利用」，「金石文及び拓本の利用」の講義を会員が受講している。この講義は，青梅市史編纂事業や「文化遺物の調査」に大いに影響を与えたと研究会の会員には評価されている。稲村の講演会そのものの影響力は留保するとしても，研究会の中心人物たちは『青梅市史』の編纂業務に携わっており，市史の叙述内容や市史にともなう資料収集は研究会の活動と分かちがたい関係にあったといえよう[31]。さらに，1959年には「西多摩郷土館」なる施設の建設を東京都に請願している。具体的な構想は別途検討する必要があるが，「郷土研究」のセンターとして位置づけようとしたもので，その主たる機能の一つとして地域資料の保存が期待されていたのではないかと推察される[32]。

研究会は，民間資料の保存についても訴えてきた。近世史研究者の長谷川正次が1964年9月に刊行された『多摩郷土研究』第33号に寄稿した「一つの提言」は研究会の会員に向けたものだが，研究会の志向に合致する内容である。

現在，我々の生活している社会では新しいものをどしど
し自己の生活の中に取入れている。それはそれで大変結構
であるし，また同時に我々の明日への希望を満たしてくれ
る。その反面古きものはどしどし失なわれていくのが現況[ママ]
である。最近の新聞紙上を眺めてみると，古いものが破壊
され観光地へと変貌していく有様に何と惜しいことかと，
我ながら思ったこともある。

　その中で特に旧家に残されている古文書の類が次第に散
いつしかけていることである。これを何とか保存しなけれ
ばならない。こう思うのは私一人ではなかろう。（中略）

　地方の人びとは考古学の遺物はめずらしがって役場，学
校，研究者の手元へ持ってくるが，古文書となるとほとん
どそのようなことをしない。農村でさえそうであるから，
古い近郊農村から急激に都市化していった場所において
は，こうした古文書は不要どころか，時には邪魔物あつか
いにされてしまいがちである。そのような古文書を我々は
暑い日も寒い日も足を棒にしてさがしまわったこともあ
る。ある時は屑屋さんに売られる寸前に立合ったもあるし，
風呂のたきつけにされる寸前にぶつかったこともあったと
いう話はよく聞く。さらに紙質がよいためカラ紙の下張や
障子に張られたり，ほうろの底に張られてお茶作りに使わ
れたこともある。（中略）このようにあじわいのある古文書
もよく注意しない為に，物置や蔵の中で湿気のためにぽろ
ぽろになったり，鼠の巣になったり，虫がついたり，また
雨漏りなどによって駄目になってしまう。さらに火事にあ
って焼失したりまた他家に移したりして知らずに見失なっ[ママ]
てしまうものもある。（中略）

古文書をお持ちの方はもう一度よく探してみて保存されることをお願いしたい。それには郷土史家の人びとのたゆみない努力が必要である。一つ一つ発掘して完全でないにせよ目録を作り，資料集を完成したりして図書館なり，旧家なりでよく保存されるならば，それも大きい基礎的な仕事となろう。ぜひそれを今後行っていってほしい。(前後略)[33]

　長谷川が，研究会の会員に対して求めた古文書保存のための「郷土史家のたゆみない努力」は，もともと研究会の活動方針の一つであった。実際に，研究会の活動を通じて文化財としての価値を見いだされた資料は少なくない。研究会のような「郷土史」研究団体の活動が活発に行われていた時期においては，地域の人々が織りなす社会関係によって地域資料が地域社会の中で保存されていたのである。「郷土史家」が研究活動を通じて地域資料に価値を付与し，歴史資料が地域の財産として認識され，保存されてゆくという構造である。このことには研究会のメンバーも自覚的であった。創立30周年にあたって，会長の稲葉松三郎は「今でこそ郷土に残された文化遺財や，また土地に伝はる史料の貴重性は，至極当り前の常識となっているが，往時はこうしたことには全く関心も稀薄であり，むしろ皆無であるといってもよい位であるところもあった。各地の教育委員会との提携による月例の研究見学会は，それぞれ各地での文化遺財への関心を高めるとともに，郷土への認識を一層深めるなど，切実な啓蒙運動としてもその功績は大きなものがあったと思う。なお，たまたま発見した埋れた有形無形の文化遺財を広く世に紹介するとともに，都の文化財としての指定を受けその保護保存の万全

を期すなどその数は多い」[34]と語っている。

　近年，このような「郷土史家」が減少し，解散を余儀なく
される団体も現れている。『多摩郷土研究』も1992年の64
号を最後に終刊した。この背景には，「郷土史家」の中心で
あった学校教員の多忙化，若年層の歴史に対する関心の低下
などがあると考えられるが，「郷土史家」の減少は地域資料
保存上の深刻な問題となっている。民間資料を守り，伝えて
ゆくためは，地域住民による団体や家がみずから保存する仕
組みが肝要となる[35]。地域社会における地域資料保存の担い
手育成は，現在における喫緊の課題の一つである。

6.4　1970年代以降の地域史研究と地域資料の保存

　地域における「郷土史」研究に加えて，行政による自治体
史編纂事業や大学教員による地域史研究がさかんになり，地
域資料の保存意識が実践に結びつくようになったのは，1960
年代頃からであった。どちらも「郷土史家」と交わりつつ活
動を展開してきたが，独自に言及すべき課題も抱えているの
で，多摩地域におけるそれぞれのあゆみと現状・課題を確認
しておきたい。

(1)　自治体史編纂事業と地域資料の発見・保存
　全国で地域資料保存のきっかけとなったのが，行政による
自治体史の編纂事業である。地域に伝わった資料は，自治体
史における歴史叙述の基本的な素材となる。そのため，自治
体史編纂事業の過程では基礎作業として地域資料の悉皆調査
が行われてきた。その中で発見・整理・収集された資料（原

本のほか複製を含む）の公開は，自治体史そのものと同等かそ
れ以上に重要だと認識されるようになってきた。今日では，
事業の完了後，集めた地域資料や情報を死蔵せずに市民の利
用に供することは，編纂に携わった自治体や研究者の当然の
責務だと考えられるようになっている[36]。

　多摩地域では，戦前から行政区分を単位とした歴史書が作
成されており，戦後も比較的早いものでは1953年の『武蔵
野市史』，1959年の『小平町誌』などが刊行されているが，
今日につながる通史を主体とした自治体史は1960年代に入
って本格化する。その後，通史編とあわせて資料編を刊行す
るスタイルが確立している。1980年代の終わり頃から1990
年代に多摩地域における自治体史編纂事業はおおむね完了
し，2000年代に入ってからは八王子市・立川市・府中市・小金
井市などで新しい自治体史の編纂が行われてきた。

　多摩地域の自治体史編纂の歴史は，杉田博が端的にまとめ
ているのでそちらにゆずり[37]，地域資料保存の観点にしぼっ
て各地の事業を俯瞰すると，1970年代頃から自治体史編纂
事業の一環として古文書目録が刊行されていることに気づ
く。例えば，1985年に刊行された『奥多摩町誌』の編纂過
程では，『奥多摩町誌資料集』として古文書目録が刊行され，
奥多摩町に所在する田草川隆家文書など文書群23件の詳細
が明らかにされた[38]。ほかにも，『日の出町史』や『多摩市史』
などの編纂事業の過程で古文書の所在状況や内容が示されて
おり，数多くの地域資料の存在が公になった[39]。資料の本文
を収録した「史料集」ではなく，古文書1点ごとの目録を刊
行することは，編纂組織の外に資料情報を提供するとともに，
当該資料の重要性を行政が市民に対して示すことにもなる。

自治体史編纂事業では，多くの場合原本ではなく複製物が収集されるが，原本の存在・価値を所蔵者や市民に認識させ，保存に結びつける効果があったといえる。

　ただし，自治体史編纂の目的はあくまでも本を作成することであり，書籍が刊行されれば終了する時限的な事業である。そのため，編纂事業で発見・整理された文書群でもその後保護されることなく，代替わりや転居などをきっかけとして散逸・消失してしまうことも珍しくない。『新八王子市史』の編纂に従事した鈴木直樹は，編纂期間中から資料を管理しきれないため寄贈したいとの声が多数寄せられたが，市史編纂の方針として所蔵者に返還したため，返却後のアフターフォローが必要だと主張している[40]。このことは，現地保存の原則は理想ではあるが，もはや限界であり現実的ではないことを示している[41]。自治体史の編纂事業完了後，文書館などの資料保存利用施設が設置されることもあるが，編纂事業で収集されるのは複製物が基本であるから，多くの文書群は所蔵者の手元でそのまま保管されることになる。複製物の公開ももちろん研究資源の共有化という観点から重要であるが，原本の継続的な保全を可能とする体制の構築が，現在進められている自治体史編纂でもなお重要な課題として存在している。

(2) 大学による古文書調査

　1970年代以降の自治体史編纂は，大学教員に委嘱されて行われることが多くなる。委託された教員の指揮のもと，大学院生や学部学生が動員されて，数年の事業期間に所在調査と膨大な文書目録の作成が行われた。また，自治体史とは離れたところで，特に日本近世史を専門とする大学教員が，自身

の研究フィールドやかつて自治体史にかかわった地域などで，資料の整理・保存を研究・教育活動の一環として行うことが増えた。そうした営為の中で保存されてきた地域資料は少なくない。日本史研究を持続してゆくために地域資料の保存は不可欠であるから，必然的に生まれた取り組みであったといえる。

　多摩地域におけるそのような活動の一例として，高尾山薬王院における法政大学の調査をあげたい。1985年に法政大学多摩図書館に地方資料室委員会が新設されたが，その最初の事業として高尾山薬王院文書の調査が実施されている。地方資料室委員会は，近世史を専攻する村上直や馬場憲一らを中心に，教員・大学院生・学生からなる調査団を結成した。1986年から89年にかけて文書群の整理が行われ，文書目録・史料集が作成された[42]。こうした大学の文学部史学科を基盤とした地域資料の調査は，教員・大学院生・学生にとっては研究・教育に資する有益な活動であり，一方で地域にとっては地域資料に価値を見いだして文化財として保存するきっかけともなった。

　現在もこうした調査活動を続けている教員・大学院生・学生はそれなりに存在する。筆者も研究者仲間や所属している中央大学の大学院生・学生とともに日の出町の羽生家にて古文書調査を年に数回実施している。羽生家での調査では，資料の原状記録から始まり，現在は1点ごとの目録作成を行っているが，この活動の目的は筆者なりに四つある。一つ目は，地域資料を保存するための基礎をつくること，二つ目は，文書の整理に見通しが立てば歴史研究に活用し，地域にその成果を還元すること，三つ目は，将来的に地域資料を保存して

ゆくための人材を養成すること，四つ目は，地域資料が地域にとっての財産だと考える市民を育むことである。研究者や学芸員・司書などの専門職に就く大学院生・学生は限られているが，地域資料にふれる機会をもった学生が社会に出てからも資料保存に関心をもってもらえることを期待している。おそらく，筆者以外の同業者も同じようなことを考えて，地域資料の調査を行ってきた（行っている）はずである。

　しかしながら，こうした古文書調査の機会はかつてに比べて減少傾向にある。あるいは活動規模が縮小していることは否めない。1980年代頃の調査記録をみると，1週間くらい泊まり込みで10人以上の大学院生・学生とともに古文書整理に没頭していた事例などを見かける。現在では，大学教員がそれほどの時間も，人手も割けないのが現実である。国立大学を中心に歴史系の教員の定数が減らされていること，大学教員が以前と比較して研究・教育以外の校務にあてなければならない時間が増大化していること，日本史学を専攻する大学院生の数が減少していることなどがその理由だと指摘できる。

　上記の法政大学のようなケースは例外として，多くの場合，大学による地域資料の調査は正規の授業時間とは別に，夏季休暇などに集中して教員・大学院生・学生がなかばボランティアで行ってきたのが実情である。羽生家の調査も土・日曜の休暇を利用して，授業とは切り離して学内外の研究費を費用に充てて実施してきた。だが，昨今の大学をとりまく厳しい情勢に鑑みれば，研究・教育上の価値を認めて大学の公的なプロジェクトや授業・業務の一部に位置づけることが必要であろう。大学などの研究・教育機関による地域資料の調査

を継続してゆくことは，今，目の前にある地域資料を保存するだけではなく，将来の担い手を育成するためにも不可欠である。

6.5 図書館・博物館・文書館

　地域資料を保存してゆくためには，地域にセンターとなる資料保存利用施設の存在が必須である。戦後の日本においてこの役割を主として果たしてきたのは，いうまでもなく図書館・博物館・文書館である。

　多摩地域では，図書館が最も早い段階で地域資料の保存に着手した。1950年に制定された図書館法の第3条第1項は「郷土資料」の収集を謳っているが，ここでいう「郷土資料」とは「図書館の所在する地域に関連を持つ文献とか，考古学的又は民俗学的資料」[43]であり，本章で対象としている民間資料もここに含まれる。その後，日本図書館協会が出した『中小都市における公共図書館の運営』では，古文書のような歴史的資料よりも「現在の市民生活に直接結びついた，市民生活に有用な資料がその主力」だと訴えられたが[44]，博物館・資料館や文書館に先行して図書館の整備が進んでいた多摩地域の市町村では，図書館が民間資料保存の拠点となった。例えば，小平市や国立市の図書館などでは，市域に伝来した古文書の目録が継続して刊行されてきた[45]。こうした活動は，地域資料を保存していくための継続した取り組みとなり，民間資料を今日まで伝えるのにきわめて重要な役割を果たしてきた。また，目録化された資料は市史編纂事業や地域の歴史研究に利用されており，活用面における図書館の貢献も見逃

せない。

　多摩地域では，戦前期に八王子町立図書館，南多摩農村図書館が存在していたが，戦後，武蔵野市・府中市などで図書館の建設が相次ぎ，1970年代後半には21の市町村で図書館が設置された[46]。1975年には，多摩地域の図書館の「郷土資料」担当者が意見・情報の交換を行い，各館の「郷土資料」の充実をめざす「三多摩郷土資料研究会」（1999年に三多摩地域資料研究会に改称。以下，三資研）が発足した[47]。三資研は，多摩地域の「史料保存運動」史において主役に位置づけられる団体の一つであり，現在も中核的な役割を担っている。三資研は，1996年から地域資料の収集・整理・保存・公開に関する概説書の作成を開始し，1999年に『地域資料入門』を刊行している[48]。図書館における地域資料に関する理念と実践に基づく方法を示したガイドブックで，図書館での地域資料保存の取り組みに指針を示した成果として注目される。また，三資研は，1986年，1996年，2005年，2016年の4度，多摩地域の公立図書館における地域資料（1986年調査時は「郷土資料」と呼称，1996年時は「郷土資料」と「地域資料」を併記）に係る業務の実態調査を行っている[49]。その報告書は，各館の業務・活動等を一覧できるものとして貴重である。

　図書館に少し遅れて博物館・資料館も多摩地域で建設が進んだ。1974年8月に八王子郷土資料館館長小泉恵一の呼びかけにより，青梅・東村山・調布・町田・府中・八王子の博物館施設の館長会が結成され，1978年にはそれが発展する形で「東京都三多摩公立博物館協議会」（以下，三博協）が発足した（このときには，奥多摩・福生・瑞穂の各館が参加）[50]。三博協は，「各博物館相互の連絡協調を図り，博物館事業の振興に寄与

することを目的とする」,「各館の情報交換と親睦を図る」,「各館に保存管理している歴史文化資料相互の貸し出し，及び行政地区内の資料の紹介等をおこなう」ことを主要な目的として結成されている[51]。2020年10月現在では，博物館，資料館，美術館，科学館等35館が三博協に加盟しており，多摩地域における博物館は，現在では図書館と並んで地域資料保存の核となっている。

　しかしながら，博物館も民間に所在する資料を十分に把握できているわけではない。2014年に国文学研究資料館が実施した多摩地域の博物館等の施設を対象にした民間資料に関するアンケートによれば，館内外の地域資料を網羅的に把握できている館はわずか2割程度で，自然災害などの緊急時に際して資料救済の対象となる館外資料は登録済みの文化財に限定されるケースが大部分であることが報告されている。博物館学芸員の多忙化や職員の不足がその背景にあると指摘されているが，館外の民間所在資料の保存は博物館でも課題となっている[52]。

　新たな動向として文書館機能をもつ施設の誕生がある。1987年に制定された「公文書館法」,2009年に制定された「公文書等の管理に関する法律」（公文書管理法）を経て，全国の都道府県に文書館が置かれてきたが，市区町村における設置は思うように進んでいない。そのような状況ではあるが，多摩地域では2011年に府中市で「ふるさと府中歴史館」，2015年に武蔵野市で「武蔵野ふるさと歴史館」が開館している。また，八王子市では公文書館の設置が予定されている。ただし，府中市や八王子市では行政文書の保存・公開施設としてのアーカイブズ施設の設置が念頭にあり，民間資料の保存は

博物館等の施設に委ねられている。八王子市の場合，民間資料は八王子市郷土資料館で，歴史的に重要な公文書は公文書館で取り扱うことが明確化されている[53]。このような棲み分けは，各自治体の過去の経緯に基づく事情から，個別に考慮されてしかるべきではある。だが，公文書も民間資料もかけがえのない地域資料であることには変わりなく，利用者の便宜を考えれば一体のものとして把握されることが望まれる。

　この点，小平市の動向が注目される。小平市では2021年4月に「小平市公文書等の管理に関する条例」を制定したことにともない，4月に市立中央図書館に歴史公文書担当係を新設し，図書館で歴史公文書管理事業準備を進めている[54]。小平市では，民間資料の保存を図書館が中心になって行ってきた経緯があるため，文書館を新設するよりも図書館機能を拡張してアーカイブズの役割をもたせることは合理的だと考えられる。今後，多摩地域で文書館施設のさらなる整備が進むことが大いに期待されるところであるが，その機能やあり方は市町村ごとに慎重に検討されるべきであろう。

6.6 おわりに

　本章では，東京都の多摩地域を事例に民間資料の保存をめぐる現状と課題を検討してきた。各節で言及したことは繰り返さないが，全体を振り返って今日の課題をまとめておきたい。

　多摩地域では，戦後，国や東京都による民間資料の所在調査が進められ，自治体史編纂事業における悉皆調査も行われてきた。また，「郷土史家」，大学，図書館・博物館・文書館

も地域資料の保存に取り組んできた歴史がある。本章では紹介できなかったが、民間企業や市民団体による資料保存も特筆に値する[55]。現状における最大の課題は、地域資料の情報や調査のデータが行政単位もしくは組織の単位でしか把握できておらず、各機関・分野の成果をつなぎ合わせる仕組みが存在しないことであろう。人口が減少し、大規模自然災害が頻発する中で地域資料を守ってゆくためには、行政の垣根や専門分野を越えた情報共有が必須である。多摩地域でも奥多摩町や檜原村はすでに過疎地域に指定されており、人口減少が今後本格化すると見込まれている。2019年に多摩川が氾濫し、図書館収蔵資料などが被災したことは記憶に新しい。首都圏直下型地震も予想されている。

特に、東京都による文化財総合調査以降行われていない、民間所在資料の総合的把握はまったなしの課題になっているといえよう。今のままでは、10年後にはより多くの地域資料が散逸していることが容易に予想される。現在は、地域資料保存のための最後の機会といっても大げさではない。これまでの成果を踏まえ、尊重しつつ、それらを結びつける新たなネットワークの構築が急務であると考える。

また、そのような資料情報の集約・共有が活用面でももたらす効果も期待できる。地域における文化資源の活用は、各自治体で地域振興の柱として考えられている。地域資料に基づく地域アイデンティティの確立が地域社会の持続に貢献することも期待されているが、そのためには既存の枠組みにとらわれない地域資料情報を共有するプラットフォームの整備が必要であろう[56]。

注

1) 以後，本章において特に断りなく地域資料，民間資料，民間アーカイブズあるいは単に資料という場合は，民間に伝来した文書資料のことを指している。

2) 西村慎太郎，加藤聖文，渡辺浩一「人命環境アーカイブズの過去・現在・未来に関する双方向的研究」（小池淳一ほか編『新しい地域文化研究の可能性を求めて』1，人間文化研究機構広領域連携型基幹研究プロジェクト「日本列島における地域社会変貌・災害からの地域文化の再構築」，2017），国文学研究資料館編『社会変容と民間アーカイブズ－地域の持続へ向けて』（勉誠出版，2017）ほか。

3) 平川新「歴史資料を千年後まで残すために」（奥村弘編『歴史文化を大災害から守る』東京大学出版会，2014），白井哲哉「地域の記録と記憶を問い直す意義－郷土史の再評価とともに」（白井哲哉・須田努編『地域の記録と記憶を問い直す－武州山の根地域の一九世紀』八木書店，2015）ほか。

4) 本章とあわせて，宮間純一編『多摩川流域所在アーカイブズの情報集約・公開に関する調査・研究－地域持続のために』（公益財団法人とうきゅう環境財団2017・2018年度多摩川およびその流域の環境浄化に関する調査・試験研究助成金研究成果報告書，2019），同編『記録集多摩地域の変容と地域資料の保存・活用－地域持続のために』（中央大学大学院文学研究科，2021）も参照いただきたい。

5) 近世庶民史料調査委員会については，豊田武「近世庶民史料調査委員会のこと」（『地方史研究』28-1，1978），国文学研究資料館史料館編『史料館の歩み　四十年』（国文学研究資料館史料館，1991），髙橋実『文書館運動の周辺』（岩田書院，1996），原島陽一「戦後の史料保存問題の発生（1945～1963年）」（全国歴史資料保存利用機関連絡協議会編『日本の文書館運動－全史料協の20年』岩田書院，1996）など参照。

6) 近世庶民史料調査委員会編『近世庶民史料所在目録』第1～3輯（日本学術振興会，1952）

7) 東京都教育委員会編『東京都文化財調査報告書10～12　南多摩文化財総合調査報告』第1～3分冊（東京都教育委員会，1961・62），同編『東京都文化財調査報告書15・16　北多摩文化財総合調査報告』第1・

2分冊（同，1965・66），同編『東京都文化財調査報告書19・20 西多摩文化財総合調査報告』第1・2分冊（同，1967・1968）

8) 前掲『南多摩文化財総合調査報告』第1分冊，p.195

9) 前掲『南多摩文化財総合調査報告』第2分冊に文書目録が収録されている。

10) 前掲『南多摩文化財総合調査報告』第1分冊，p.195

11) 前掲『南多摩文化財総合調査報告』第1分冊，p.196

12) 前掲『南多摩文化財総合調査報告』第3分冊，p.655-688

13) 前掲『南多摩文化財総合調査報告』第3分冊，p.656

14) 前掲『南多摩文化財総合調査報告』第3分冊，p.687，688

15) 前掲『北多摩文化財総合調査報告』第1分冊，p.151-174

16) 前掲『北多摩文化財総合調査報告』第1分冊，p.152. それでも，宅地開発が著しい地域では，「新編武蔵風土記稿」や「武州文書」に収載されているような文書の現蔵者を突き止められないケースもあったとされている。

17) 前掲『北多摩文化財総合調査報告』第2分冊，p.473，474

18) 前掲『西多摩文化財総合調査報告』第1分冊，p.122-144

19) 前掲『西多摩文化財総合調査報告』第1分冊，p.121，122

20) 戦後の「地方史研究」の動向については，塚本学「地域史研究の課題」（『岩波講座 日本歴史』25別巻2，岩波書店，1976），木村礎「郷土史・地方史・地域史研究の歴史と課題」（『岩波講座 日本通史』別巻2，岩波書店，1994），白井哲哉「『地方史研究』にみる地方論の動向」（『地方史研究』56-5，2006）ほか参照。

21) 前掲『西多摩文化財総合調査報告』第2分冊で調査団に文書担当が配置されていることは確認できる（p.399，400）。

22) 「秋川流域での都の文化財総合調査を実施」（『多摩郷土研究』第35号，1966，多摩郷土研究複製版刊行会編『多摩郷土研究 複製版』第2期第1巻，百水社，1996 所収）

23) 各調査報告書の巻末にある「調査の経過」参照。

24) 前掲『近世庶民史料所在目録』第2，p.95

25) 岩橋清美「1920年代の多摩地域における郷土史運動－武蔵野会を中心として」『法政大学多摩論集』32，2016

26) 村上直「『多摩郷土研究』複製版の刊行によせて」（多摩郷土研究複製版刊行会編『多摩郷土研究 複製版』第1期第1巻，百水社，1995）

112

27)　「西多摩郷土研究の会清規」（『西多摩郷土研究』創刊号，1951，前掲『多摩郷土研究　複製版』第1期第1巻所収）

28)　久保七郎「巻頭言」（前掲『西多摩郷土研究』創刊号）

29)　村中元治「回顧五年」（『西多摩郷土研究』第14号，1955，多摩郷土研究複製版刊行会編『多摩郷土研究　複製版』第1期第4巻，百水社，1996　所収）

30)　久保七郎「会名改称に際して」（『多摩郷土研究』第16号，1955，前掲『多摩郷土研究　複製版』第1期第4巻　所収）

31)　「青梅市史の編さん軌道に乗る」（『多摩郷土研究』第34号，1965，前掲『多摩郷土研究　複製版』第2期第1巻所収），前掲『多摩郷土研究』第35号の「あとがき」ほか参照。

32)　浅井徳正「回顧十年」（『多摩郷土研究』第29号，1961，多摩郷土研究複製版刊行会編『多摩郷土研究　複製版』第1期第7巻，百水社，1996　所収）

33)　長谷川正次「一つの提言」（『多摩郷土研究』第33号，1964，多摩郷土研究複製版刊行会編『多摩郷土研究　複製版』第1期第8巻，百水社，1996　所収）

34)　稲葉松三郎「創立三十周年にあたり　顧みて，そうして」（『多摩郷土研究』第40号，1971，多摩郷土研究複製版刊行会編『多摩郷土研究　複製版』第2期第2巻，百水社，1997　所収）

35)　この点は，安藤正人「歴史学とアーカイブズ学の課題」（『歴史学研究』967，2018）参照。

36)　自治体史編纂と史料保存の動向については，高橋実『自治体史編纂と史料保存』（岩田書院，1997）参照。

37)　杉田博「自治体史編さんの歩みと史料保存－八王子市史編さんのスタートにあたって」『まちづくり研究はちおうじ』5，2008

38)　奥多摩町誌編纂委員会編『奥多摩町誌資料集2　古文書目録』（奥多摩町教育委員会，1980），同編『奥多摩町誌資料集7　古文書目録』2（同，1982），同編『奥多摩町誌資料集8　古文書目録』3（同，1982），同編『奥多摩町誌資料集9　古文書目録』4（同，1984）

39)　日の出町史編さん委員会編『日の出町史料所在目録第』1～6集（日の出町教育委員会，1986～1995），多摩市史編集委員会編『多摩市史関係所在文書目録』1～3（多摩市，1990～1993）

40)　鈴木直樹「自治体史編纂と地域資料の保存・活用－新八王子市史の

活動を中心に」（前掲『記録集　多摩地域の変容と地域資料の保存・活用－地域持続のために』所収）

41)　現地保存主義については，高野修「地域社会と文書館」（『藤沢市文書館紀要』13，1990年）など参照。なお，佐藤正広「史料保存における現地主義について」（『茅ヶ崎市史研究』15，1990）のように，「史料を滅失の危機から救う」ためには，原理主義的な「現地保存」にとらわれず，現実的な調整を行う必要性を指摘するものもある。

42)　「高尾山薬王院文書の調査について」『法政史学』39号，1987

43)　西崎恵『図書館法』羽田書店，1950，p.60

44)　日本図書館協会中小公共図書館運営基準委員会編『中小都市における公共図書館の運営』日本図書館協会，1963

45)　一例をあげれば，小平市の図書館では，小平市立中央図書館編『古文書目録第1集　野中家文書目録』（小平市立中央図書館，1979）以来，同編『古文書目録　別集3』（小平市立中央図書館，2015）まで継続して刊行されている。蛭田廣一『地域資料サービスの実践』（日本図書館協会，2019）も参照。

46)　多摩地域における図書館の設置および図書館における「郷土資料」，「地域資料」保存の経緯は桂まに子「戦後公共図書館史における三多摩郷土資料研究会の位置づけ」（『東京大学大学院教育学研究科紀要』48，2008）に詳しい。本章の図書館に関する記述では，同論文を参考にしたところが多い。

47)　三資研については，前掲　桂まに子「戦後公共図書館史における三多摩郷土資料研究会の位置づけ」参照。

48)　三多摩郷土資料研究会編『地域資料入門』（日本図書館協会，1999）同書の編集・出版の経緯は蛭田廣一「輝け地域資料－『地域資料入門』の編集と出版の経過を追って」（『とりつたま』No.16，2000）参照。

49)　三多摩郷土資料研究会編『多摩地域郷土資料業務実態調査報告書　昭和64年4月現在』（三多摩郷土資料研究会，1986），同編『多摩地域郷土資料・地域資料業務実態調査報告書　平成7年7月調査』（三多摩郷土資料研究会，1996），三多摩地域資料研究会編『多摩地区公立図書館地域資料業務実態調査報告書　平成17年7月調査』（三多摩地域資料研究会，2006），同編『多摩地区公立図書館地域資料業務実態調査報告書　平成27年7月調査』（同，2016）

50)　朝倉雅彦「ミュージアム多摩」（『東京都三多摩公立博物館協議会報』

創刊号，1979)

51) 「東京都三多摩公立博物館協議会々則」『東京都三多摩公立博物館協議会報』創刊号

52) 太田尚宏「民間アーカイブズの保全と地域連携－東京都多摩地域での取り組みを事例に」前掲『社会変容と民間アーカイブズ』

53) 八王子市ホームページ　https://www.city.hachioji.tokyo.jp/shisei/001/001/019/p029011.html（参照：2021.4.18）

54) この点は，蛭田廣一の教示による。

55) 座間直壮「NPO法人共同保存図書館・多摩の誕生と今後の展望」(『出版ニュース』2142，2008)，保坂一房『地域資料の収集と保存－たましん地域文化財団歴史資料室の場合』(共同保存図書館・多摩，2009)，中村修「市民アーカイブ多摩について－その前史から現在まで」(『アーカイブズ学研究』22，2015)ほか参照。

56) このような取り組みとしてデジタルアーカイブズの整備が注目される。瑞穂町の事例を紹介した，宮坂勝利「地域資料の可能性は無限大－デジタルアーカイブで地域活性」(前掲『記録集　多摩地域の変容と地域資料の保存・活用－地域持続のために』所収)などが参考となる。
　また，実践例として西村慎太郎「西多摩郡檜原村での歴史資料保全と地方協創の可能性」(『国文学研究資料館紀要　アーカイブズ研究篇』16，2020)がある。

【付記】

本原稿は，JSPS科研費20K20503・挑戦的研究（開拓）（研究代表者　渡辺浩一），中央大学政策文化総合研究所「地域社会の持続と歴史的資源の保存・活用」チーム（研究代表者　宮間純一）による研究成果の一部である。

7章 図書館の地域アーカイブ活動のために

7.1 地域アーカイブを考えるための背景

　筆者は2021年1月に『アーカイブの思想』[1]という本を出した。この本でいう「アーカイブ」とはこのあと触れる複数形の「アーカイブズ」（文書・記録，文書館・公文書館）とは区別し，「後から振り返るために知を蓄積して利用できるようにする仕組みないしそうしてできた利用可能な知のことである」と定義している。この観点からすると「地域アーカイブ」というのは，「地域の人々が自らの地域を振り返るために知を蓄積して利用できるようにした仕組みやそのようにしてできた利用可能な知」ということになる。

　ここには，図書館や博物館，文書館の活動が含められることはもとより，それらの公共施設の相互関係（いわゆるMLA連携）も対象になるし，またそれらの機関が取り組むデジタルアーカイブも含められる。さらには，地域における出版や自治体行政の文書管理や広報，文化財の発掘調査，学校における自由研究や探究学習，あるいは，商工会議所，保健所，病院などの健康・医療施設，福祉施設，生涯学習施設，文化施設なども含む地域住民にかかわる公的活動全般が対象になる。また，公共施設だけではなくて公園でも広場でも通りでも，ショッピングモール，カフェやバー，レストラン，ホテ

ル等々，要するに人が出会い交流し何らかの活動をする場が含まれる。これらが「知」にかかわり，また，「知」を生み出す場と考えることにより，地域におけるありとあらゆる場が「地域アーカイブ」の場となるし，そこでの交流，活動，コミュニケーションは「地域アーカイブ活動」になる。

こうした考え方を理解するために，ここ半世紀に起きた背景的な事象を押さえておきたい。

(1) 地方分権改革

まず，1970 年代から 1980 年代に「地方の時代」と呼ばれる動きがあった。日本は第二次世界大戦後，経済復興を遂げて，1968 年には国民総生産（GNP）が西ドイツを抜き世界第 2 位となった。戦後まもなく生まれたいわゆる「団塊の世代」と呼ばれた人たちが典型だが，出生率が高く子どもの数が多かった。また，地方に生まれても生活の場や仕事の場を求めて都市部に移動するので，大都市に人口が集中する現象が見られた。経済成長期の大都市圏では過密の都心部を避けて郊外に移転する傾向があり，通勤鉄道の整備と宅地開発がセットになって住宅都市が広がった。そこでは急速な都市化のための生活インフラが整わないとか，通勤ラッシュや車の渋滞といった交通問題も生じた。地方では人口流出によって過疎化が見られ始め，地域経済が停滞する状況があった。

こうした事態に対して，国主導による地方への経済投資を説く田中角栄内閣「日本列島改造論」（1972 年）や大平正芳内閣「田園都市構想」（1979 年），竹下登内閣「ふるさと創生事業」（1988 年）があった。これら政府自民党が主導する経済政策に対して，地方自治体の首長（長洲一二神奈川県知事ほ

か）や研究者（篠原一，松下圭一，宮本憲一ほか）を中心にして，市民自治の理念を基にそれぞれの地域の生活基盤の整備をはかるべきだという「地方の時代」というスローガンが見られた。財政的に余裕が出た地方自治体に公共施設としての図書館が建設され始めるのもこの時期である。

バブル経済崩壊後の 1990 年代は，経済的には新自由主義が席巻し，政府機能を公共経営論的な視点で見直した時期である。まず，国主導で地方自治体の経営単位の見直しが行われる。総理大臣の諮問機関として設置された地方分権推進委員会の勧告により，市町村合併が提言されて実施されたのが「平成の大合併」と呼ばれたものである。地方行政区域の統合・合併は明治以来繰り返し行われてきたが，1995 年の「地方分権推進法」による合併特例法（「市町村の合併の特例に関する法律」）の改正で，市町村が合併を進めた結果，1999 年から 2006 年の間にその数が 3,232 から 1,821 に減少した。このときに合併による行政事務の効率化が言われたが，合併推進の誘因として合併特例債と呼ばれる財政措置が可能になり，これによって図書館を新たに整備した自治体は少なくない。また，地方都市で進行しつつあった中心市街地の空洞化対策として，駅前や中心地に商業施設と連動させながら図書館を移転し再建した自治体も多かった。

合併とともに進められたのが，国と地方の関係の見直しと財源の再配分である。これが地方分権改革と呼ばれるもので，2000 年施行の「地方分権推進一括法」（「地方分権の推進を図るための関係法律の整備等に関する法律」）で，地方公共団体を国の下部機関と位置づけてきた機関委任事務が廃止され，国と地方公共団体は対等な関係とされた。2001 年成立の小泉純

一郎内閣は「聖域なき構造改革」を主張し，「地方に出来る事は地方に，民間に出来る事は民間に」という「小さな政府」論を具現化する政策として，国庫補助金改革・税源移譲による地方分権と，地方交付税の削減による財政再建をセットで行うこととした。実際には2004年から2006年にかけて，税制改正で所得税から個人住民税への税源移譲を実施した。国の権限で国税（所得税）として集めていた税金の一部を地方税として徴収することに切り替え，国庫負担金のうち3兆円分が地方に移された。また，地方財政計画の歳出見直しや地方交付税算定の簡素化等により，24兆円あった地方交付税総額が18兆円程度まで抑制された。これらにより，地方に支出される国の事業が小さくなり，地方の自主裁量に任される部分が増えた。

　以上のように，世紀の変わり目に大規模な地方制度の改革があり，地方自治体は規模が大きくなり，権限と財源の点で以前より自立性を確保しやすくなった。この改革は地方自治を実現する方向に向けた大きな動きだったが，他方，合併により地方都市が以前よりも広域になって農村地域を含むことで，新たな行政事務を担当する必要が出たり，広域になることからくる多様な住民ニーズに応える必要が出てきたことなど，地方自治体が以前よりも経営能力を問われる局面も増えた。

(2)　過疎化と少子高齢化

　日本社会を語るときの重要な問題として，過疎化と少子高齢化が挙げられる。過疎とは単に人口が少ないことではなく，人口減少のために一定の生活水準を維持することが困難にな

った状態を言う。例えば，防災，教育，医療・保健などの地域社会の基礎的条件の維持が困難になり，それにより地域の生活や生産活動に差し障りが出ている状態のことである。法令上，過疎地域は，財政力指数に基づく財政要件と人口減少率・高齢者率・若年者率を勘案した人口要件によって定義されている。総務省の定義による過疎市町村は，全国の市町村のうちの 47.6%，人口比にして 8.6%，面積比にして 59.6% となっている。1970（昭和 45）年以降の自治体数および過疎自治体（一部過疎やみなし過疎を含む）と非過疎自治体の割合を図示したのが次の図である。「平成の大合併」で自治体数が減少した様子と，過疎自治体が少しずつ増えている様子がわかる [2]。

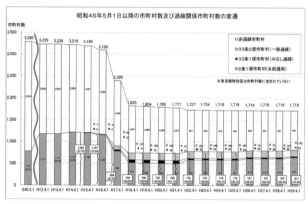

自治体数および過疎・非過疎自治体数の変遷

　過疎地域のうち，合併により新たに図書館設置自治体に含まれるようになったところがある。また，合併特例債によって図書館が新設されたところがある。図書館がこうした政策によって，積極的に選択される公共施設になりつつあること

は確かである。政府の過疎対策として掲げられた目標には，過疎地域の自立促進や住民福祉の向上，雇用の増大，地域格差の是正などが掲げられており，そうしたことに図書館がどのように貢献できるのかについての検討が必要だろう。過疎をテーマにした図書館サービスは十分に検討されていないが，1970年代から町村図書館の振興は図書館界の重要なテーマであり続けている[3]。

　出生率の低さと高齢化率の高さが世界最高の水準であることが，地域社会の変貌や，医療費や社会保障費の増大といった大きな問題を引き起こしている。1980年に高齢者一人を支えていた労働力の担い手（生産年齢人口）は7.4人だったのが，2015年になると2.3人に減ったという数字が示されている。過疎化が進行する地方では深刻で，日本で最も高齢化率の高い秋田県では人口のおよそ3割，33.8％が高齢者で，東京の高齢化率22.7％と比べると，10ポイント以上高くなっている。ただし，高度成長期に若年労働者を集めた大都市圏でも，団塊の世代が後期高齢者の年齢（75歳）に達し，本格的な高齢化社会を迎えつつある。東京も2035年には30％近くの高齢化率になることが予測されている。図書館サービスと少子高齢化も密接な関係がある。子どもが減って高齢者が増えるとき，図書館サービスのバランスの見直しも含めて，地域における利用者層とその利用行動をどのように見定めるかが重要になる。

(3)　社会的記憶と図書館

　社会は自然災害や戦争，感染症，大事件などがあったことを契機にして大きな転換を示す。転換の際に，これをどのよ

うに記憶しようとするのかという問題が生じる。記憶の方法はさまざまで，体験した人が次の世代に語り継ぐというというもの（語り）から，儀式あるいは儀礼として定期的に行事を開催する（行事），写真や映像として記録する。記憶にかかわる資料を出版するとかデジタル化して発信する（出版・発信），記念館や資料館をつくり今挙げたような資料やメディアの保持や記憶化を行う（博物館），といったものがある。

　典型的には，広島や長崎の原爆投下にかかわる記憶の保持を考えてみれば，被災者の語りは毎年恒例の行事として開催され，これが報道されたりドキュメンタリーがつくられ放送メディアで流されたりするし，平和記念館がつくられて，そこでこれらの記憶資料全体が組織的に保存され，また展示されて訪問者に提示される。そこには被災者，被害者に対する追悼を前提として悲惨な体験を理解することによって，平和を希求するという考え方が中心にある。これは「唯一の原水爆被害国日本」として，世界に原子力兵器の危険性を伝え平和運動を進めるという，世界に向けて発せられるメッセージと表裏の関係にあった。

　図書館はこれらの方法に少しずつかかわってきてはいたが，その中心的な機能を担う存在ではないと見られていた。それは図書館が個別のテーマで展示を行ったりすることはあっても，基本的にはあらゆるテーマについて中立の立場から資料の収集と提供を行うという考え方がもたらすものである。このことは，1995 年の阪神・淡路大震災や 2011 年の東日本大震災を経験し，そこでの図書館活動を進めることを通じて，さらに明確になった。災害や事件について記憶を保持したり体験を伝えるという考え方に加えて，客観的資料を集

めて保存することが重要だという考えが強い[4]。言うならば,記憶を伝えるのではなく歴史を構築するということになる。あるいは体験や記憶は歴史構築の素材とするという考え方である。それは,例えば大規模な津波が襲ったときに過去の曖昧な記憶や伝承がどの程度判断の材料になるのか,ということにかかわり,科学知識を基にした避難対策を組織的に形成していくことの必要性につながる。

7.2 地域の自己認識

この間,地域の人たちが自ら居住する地域をどのように認識していたかについて考えてみよう。生まれ,育ち,居住し,仕事をし,生活する場について本書では「地域」という言葉で呼び,「地域資料」を使用している。その事情について少し踏み込んで考察する。

(1) 郷土,地方,地域

以前に筆者が『地域資料入門』で述べたように,「郷土」という呼び方は,明治政府による上からの近代化政策において,統一的に国づくりをするに際して,江戸期に形成されていた村に居住する人たちの地縁集団を指す表現であり,それが国家の周辺に位置づける後ろ向きの歴史観によるとして批判的に捉えられていた[5]。お国自慢的な歴史観が中心になることに対する批判である。ただし,柳田國男や新渡戸稲造らの郷土会や民俗学の立場は,そうした郷土を積極的に位置づけるものであったことも確かである[6]。『地域資料入門』では,自律的な生活の場であり構成員が参加して向上させる場であ

るとして「地域」を取り上げ，改めて地域資料の用語を採用した。これは，「地域」を，「郷土」とも，マルクス主義の影響の下にあった歴史学者が「国家」や「中央」に対抗する概念として用いた「地方」とも区別している。

その選択にあたっては，1960年代の日本図書館協会「郷土の資料委員会」の議論や，図書館法にある「地方行政資料」の議論を踏まえている。いずれも古文書や歴史資料を中心とした郷土資料を中心とするのではなくて，現代的な生活圏域となっている地域や地方行政にかかわることを積極的に評価しようという考え方だった。「地域」はこれが書かれた20世紀末には最もふさわしい用語のように思われた[7]。

だが，『地域資料入門』が「郷土資料から地域資料へ」と呼びかけたにもかかわらず，現在でも多くの図書館で「郷土資料」の用語をそのまま使っている。都道府県立で6割，市町村立で7割は郷土資料であった[8]。その理由の一つは，図書館法第3条で図書館が収集すべき資料について「郷土資料……にも留意して」との文言がそのまま残されているところからくる。要するに法律用語なので否定し難いところがある。別の理由として，歴史研究の影響がある。地域における歴史研究者が「郷土史」を手がけているという意識がいまだもって強いことがある。

次の図は，戦後70年を10年ごとに区切って，特定の地域を対象とした歴史研究についてタイトルにどのような用語を使っているかを調査したものである。「NDLオンライン」を使っているので，国立国会図書館（NDL）に納入された図書を前提としていることに注意されたい[9]。この間「郷土史」をタイトルにもつ図書が圧倒的に多く，現在でも最も多い。

それでも 1980 年代をピークに割合は下がり気味であり,「地方史」もまた 1970 年代をピークとして減り気味である。それに代わって「地域史」が一貫して増加しており,このままいけば 2020 年代には「郷土史」を上回ることが予想される。

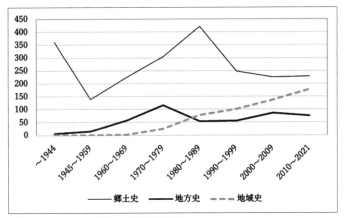

郷土史・地方史・地域史の書籍発行数

　というわけで,全体的には郷土史から地域史への移行の傾向が読み取れるわけだが,近年,「郷土」という言葉にこれまでとは別の積極的な意味合いを含めようという動きもある。「地方」や「地域」は,あくまでもその範囲が相対的にしか決まらない抽象的な概念である。つまり,最も狭い生活圏（隣組,集落,部落,邑,村,町内,街）から,合併した地方自治体の旧市町村の単位,さらには都道府県内を分けたときのまとまった広がり（三多摩地域）,都道府県の集まり（近畿地方）,そして,国をまたがる世界的な交易圏（アジア太平洋地域）まで,どれもが地方ないし地域になりうる。これに対して,「郷土」はあくまでも生活共同体への志向性がはっきりしていること

を再評価する考え方である。

　これは民俗学など人間の生活圏における営みを重視する立場を基にしており，20世紀後半の「地方の時代」や「地方分権改革」が実を結び，そうした生活圏をベースにした価値観が生まれつつあると考えることもできる。「まちづくり」や「ふるさと復興」，「地域おこし」，「Uターン」，「UJターン」などの動きはこの考え方が強い。この場合には，必ずしもそこで生まれ育った人が中心になることは必要なくて，当該の地域に外部から移ってきて居住する人たちも含み，今そこに居住してコミュニティを形成しようとする考え方である。その場合に外国人が担い手になることも少なくない。

　近年，朝倉書店から出版されている大部の歴史書のシリーズ『郷土史大系－地域の視点からみるテーマ別日本史』全10巻は，タイトルに「郷土」と「地域」が含まれているように，再度日本史を生活圏や交流圏というような人間社会の広がりを基にテーマ別に再検討しようという試みである。従来の地域史とは異なる新しい見方である[10)]。

　以下，地域と郷土の関係についてこのような動向があることを念頭に置きながらも，用語としては「地域」，「地域資料」を使用する。

(2) 地域アーカイブとはなにか

　20世紀まで，特定の地域を研究する歴史家は使用する資料について，文書，古文書，郷土史料，地域史料などと呼んでいたが，近年，歴史家もまた「地域資料」という呼称を使い始めている。それは，従来，歴史家が旧家に伝わる文書や記録を調査して，価値があるものを発見することで「史料」

になるという考え方が強かったのに対して，文書館や博物館，図書館による資料収集・保存の体制がつくられるようになりつつあるからである。つまり，歴史家とこうした機関との分業と協力関係が明確になってきていることが背景にある[11]。その際に，歴史家がこれまで総称で文書史料と呼んでいたものは，「移管ずみ公文書」，「民間アーカイブズ」や「エゴドキュメント」とに分けることができる。

　2009年の公文書管理法（「公文書等の管理に関する法律」）制定以降，国や独立行政法人等の機関における公文書管理が明確になり，原局で保管していた現用文書のうち保存期間が終了したものを評価選別して「特定歴史公文書」として国立公文書館で保存公開することになった[12]。これに準じて，各自治体でも公文書管理の法規に基づき公文書館に移管するなど，公文書の公開利用が可能になっている。自治体レベルでは合併で生じた大量の非現用公文書の存在も無視できない。

　民間アーカイブズは，家や個人，さまざまな民間団体が作成・授受・蓄積してきた文書や記録類であり，私文書や民間所在資料などと呼ばれてきたものである。上述のように，これらは近世史や近代史の中心資料であったものだが，これらをどのような機関がどのように蓄積し公開するのかをめぐっての議論である[13]。文書館，博物館・資料館，図書館，大学などが分担して担ってきたが，公的機関のスリム化や財政難によって増大する一方の資料に対応しきれないことがあり，重要な研究資料が公開できないばかりでなく，廃棄されたり散逸したりする事例が増えている。これを公文書の問題と切り離して議論しようというものである。

　そして，エゴドキュメントは民間アーカイブズの一種では

あるが，個人の日記や書簡，メモ，宗教上の告白書，裁判文書のようなものも含めて歴史の資料になるというのである[14]。その際に，従来の歴史研究が為政者や権力者など「歴史を動かした」とされる人物に焦点を当ててきたのに対して，ふつうの庶民の視線を重視するもので，「下からの歴史」を描き出そうとしている。特に「エゴ」の概念をそこに見いだし，民衆史ないし社会史として新たな論点を主張するものとなっている。

7.3 地域資料サービスの現状

　日本の図書館の地域資料サービスの現状を明らかにしようとした全国調査が，NDL調査（2007）と全国公共図書館協議会（全公図）調査（2016）の2回行われている[15]。いずれも筆者が主査およびアドバイザーとして，調査全体にかかわった。全公図調査はNDL調査の方法と結果を参考にしながら調査票を設計して比較できるようにしたので，ここでは2016年全公図調査の結果を要約して示すことにしたい。

(1) 図書館における地域資料サービスの現状

　まず，地域資料を担当する職員配置についてである。全国1,400近い自治体に約3,300館の図書館があるが，そこに地域資料サービスを担当する職員が延べ5,000人近くいた。そのなかで，地域資料を専門とする職員が700人であり，そのうち280人が自治体職員，残りが非常勤，委託，指定管理者職員であった。それ以外に4,000人以上の職員が兼務で地域資料を担当しているということになる。

行政資料を含んだ地域資料の積極的収集・整理，保存，地域に根ざした専門的レファレンスサービス，展示やイベント開催，デジタルアーカイブ，電子行政資料などに対応できているところは，都道府県立，政令市および人口15万人以上の市の一部に限られている。そういうところは専任職員が配置されているが，多くの図書館は兼任職員で対応している。サービスを実施するためには，地域行政や地域の事情，歴史などに通じている必要があるから，時間をかけた職員の育成や研修制度の整備，フォーマル，インフォーマルにノウハウの継承を行うことが望まれる。定員削減，定期的な職員異動や職員の非正規化によって，地域資料を長期間にわたって担当する職員が減少しており，専門の職員配置ができている少数の自治体とそうでない多くの自治体とに二分されるようだった。

(2)　デジタルネットワークの活用

　多くの利用者がスマートフォンやタブレット，PCをもち，ネットワークに接続して情報を入手している現在，地域資料サービスもこれに対応する必要がある。自宅や職場から直接地域資料や地域情報にアクセスできるようにするには，図書館ホームページ上にパスファインダーをつくり地域のコンテンツへのリンクを貼る，地域資料をデジタルアーカイブ化するなどの手法がある。また，紙の地域資料については，WebOPACで検索して存在を確認することができる。

　Web上の地域資料関連のパスファインダーは都道府県立図書館の60％で作成していたが，市町村立図書館では10％程度であった。デジタルアーカイブは都道府県立ではほとん

どのところが実施済みであったが，市町村立では実施済みは24％であった。WebOPACも，地域資料に対応するためには単に検索できるだけでなく，地域資料のみを特定化して検索可能にすることが必要である。これには業務用システムでは対応しているところが多いが，Web用システムで検索可能なのは都道府県立で70％，市町村立で34％だった。システムの仕様にかかわるちょっとしたことだが，対応するだけで地域資料の検索がはかどるはずである。

　Webを利用したサービスは大きな可能性をもっている。保存用に古い資料をデジタル化するだけでなく，地域にかかわる写真とか地図など，多くの人が共通して関心をもつ新しくて魅力ある資料について，著作権処理をしながらデジタル化することも必要である。また，図書館が作成しているレファレンス事例集やパスファインダー，地域書誌，記事索引，子ども向けの地域資料などのデジタル化は以前から課題になっている。

(3)　行政機関との連携

　地方行政資料の収集と提供は，図書館サービスの基本の一つである。これを実行するためには，行政資料が発行されたときに自動的に送付されるための納本制度をつくることが最も効果的である。納本規程をもつところは都道府県立で79％，市町村立で4％だった。電子資料に対する納本規程をもつところは，都道府県で4自治体，市町村で2自治体にすぎなかった。

　このあたりに公共図書館と行政部門の関係の問題がある。納本制度をつくるためには，行政各部門と密接な関係をつく

ることが大事であり，そのためには，庁内の広報，文書管理，情報システム，情報公開制度を把握し，関係部門に働きかけて資料の発行とともに必ず複数部数を図書館に送付するように依頼することから始まる。議会事務局および議会図書室との連携も効果があるかもしれない。これは，電子行政資料の把握と収集を行うためにも必要な関係づくりである。このことについてはこの後述べる。

　一部の図書館では，行政支援サービスを実施している[16]。これは行政職員が仕事上必要とする資料や情報を積極的に提供するものであり，庁内便での資料配送，庁内情報システムでのデータベースサービスや掲示板機能の提供，より深い調査を含むレファレンスサービスなどが含まれる。これもまた，地方行政資料を収集・提供する業務の延長上に行われるものである[17]。なお，この後の7.5で東京都日野市が1978年に開設した市政図書室の活動について述べるが，これは行政支援サービスの典型的な事例になる。

(4)　地域機関との連携

　地域を指向する地域資料サービスであるから，地域で発生する資料を収集するのは当然である。従来の図書館は地域を「図書館利用者のコミュニティ」として見ても，地域は同時に「資料・情報が発生流通する場」でもあることを無視する傾向があった。地域には国，都道府県，当該市町村が設置したさまざまな働きをする機関があり，企業，NPO機関，任意団体，学校，大学がある。それらは資料を作成し，情報を発信している。それらをどのように把握し，どのような種類の資料をどのように集めるのかの方針を明確にしておく。また，

それらは図書館にとっては地域資料サービスの対象にもなる。

　機関によっては，地域で市場調査等を行ったり，相談窓口に来る人の生活の場ととらえたり，学校のように地域を学習の対象にしたり，地域を観光の対象としたりイベントの場としたりする際に，図書館が積極的にその資料，情報，場所等を提供することがある。地域の課題解決支援サービスは，こうした地域資料活動とも密接なかかわりをもっている。従来より，博物館や美術館，郷土館，資料館，公民館，大学，学校は図書館の類縁機関として資料や情報を介しての連携を行ってきたが，その範囲はさらに広がりを見せている。

(5)　市民・ボランティアとの協働

　これらの課題を図書館職員だけで行うことは困難である。これまでも図書館に郷土史家を自認する歴史や地域の事情に明るい職員がいたことがあるし，博物館や学校等との人事異動でそういう人材を入れることもありうる。しかしながら，地域資料サービスにおいて歴史や文学などに限定されない今地域で起こっていることすべてが対象になるとすれば，それだけでも十分でない。図書館員はその意味では，地域で生じる事象についてはキュレータとして振る舞い，個々の専門領域については地域の専門機関や在住の専門家と積極的に関係をつくり，それらの人たちの知恵を地域資料サービスに活かすべきだろう。

　児童サービスに読み聞かせやお話し会のボランティアグループがあるように，地域の各領域を支えてくれるボランティアグループを組織することも有効である。最近は「Wikipedia town」のように，地域関連の事象（事件，人物，地名等）を共

同執筆するインターネット上の試みが行われているが，それ
は地域資料なしに書けないから積極的に図書館の活動と結び
つける効果がある[18]。それに限らず，図書館が資料や情報を
収集し組織化する仕組みをもつものであれば，市民を巻き込
んでブログ，ウェブサイト，SNS を使いながら新しいサー
ビスをつくりだすことは可能であろう。

(6) まとめ

　ほとんどの図書館で地域資料の収集提供を行っていたこと
は確かだが，震災，合併，新公共経営，デジタルネットワー
ク化などの波を受けながらも，それらに対してできる範囲で
応えるという態度であった。都道府県立図書館では一定の資
料収集体制をもって取り組んでいるが，多くの市町村立図書
館では職員がこれを兼務で行っている。こうなると，資料そ
のものが寄贈中心の受け身になり十分に集まらない。だが，
繰り返すように地域資料は地域のさまざまな機関，組織，個
人が自由に発信しているものであり，地域に積極的にかかわ
りをもたない限りはよいコレクションはできないだろう。

　地域資料はレファレンスサービスや課題解決支援サービス
と密接な関係があり，インターネットを利用したサービスを
実施するためにも職員体制をしっかりつくる必要がある。地
域をベースにした本格的な図書館サービスを提供しようとす
れば，デジタル化やネットワーク対応も含めて，サービス手
法が高度になってくる。図書館の地域資料の実践は研修体制
がうまくつくられていないことも含め，主として職員問題に
起因する問題があり，この 50 年間で困難な状況が増してい
るように見える。

(1) 歴史アーカイブのための博物館，文書館，図書館

　アーカイブという歴史的な知の保存作用を意識的に進展させる動きが，20世紀末から明確になってきた。それにはいくつかの要因がある。一つは，それ以前，日本の歴史学全体にマルクス主義的な科学的歴史主義（唯物史観）の思考枠組みが存在し，それは日本の近代化を西洋的な近代に向けての進歩ととらえる見方が強かったのに対して，1989年の冷戦体制崩壊により，その軛から解放されたことによる[19]。先の「地方史」は，歴史学が国家主義や国際主義的な観点から語られがちであることに対する批判から生み出されたものであり，「地域史」が優勢になるのはそうした枠組みから解放されて実証主義的な方法が前面に出るようになったことが背後にある。

　もう一つは，それまでも歴史資料への関心は高かったのであるが，1987年に公文書館法が成立して自治体に歴史的な公文書を移管したり，私的文書を受け入れたりする文書館を設置する仕組みがつくられたことである。この時期に自治体の情報公開制度を整備する動きもあって，公文書の管理，公開についての議論が高まった。それまで，歴史資料は歴史家自ら探すものであったのに対して，それを保存蓄積するという考え方が現れて，実証主義的な歴史学と組み合わされて，地域の歴史アーカイブをどうするのかに対する関心が集まった。

　山口県立山口図書館には，戦前から山口県庁の行政文書や県庁県史編纂所が収集した古文書などが所蔵されていたが，1952（昭和27）年に旧長州藩主毛利家から約5万点の藩政文書（毛利家文書）が山口県へ寄託されることとなり，とりあ

えず県立図書館へ保管され郷土資料室で管理することとなった。その後，1959年に郷土室から分離して日本で最初の近代的文書館となった，山口県文書館の活動が改めて注目を浴びた。これは，図書館から文書館が分離してできたケースであるが，日本では文書館設置が遅れ，それ以前から図書館や博物館・資料館に歴史資料が預けられていたことは確かである。現在でも図書館と文書館が同一の建物，あるいは同一の敷地に接して置かれるケースは多数見られる。

　歴史資料館と呼ばれる施設がある。これが公文書館法上の公文書館，あるいは博物館法上の登録博物館を称するためには一定の施設・設備と人員の基準を満たす必要がある。そこまで自治体において財政的な手当てができないケースでは，こういう施設がつくられることが多い。これらは，通常，歴史館とか資料館と呼ばれ，博物館法上，博物館相当施設あるいは博物館類似施設とされている。

(2)　地域の歴史資料に対する関心

　1968年の「明治百年」前後から自治体史への関心が高まり，各自治体が歴史家を集めて編集委員会をつくり，資料を集め資料集を刊行し，そうしたものをベースに大部の自治体史を発行した。これに伴い，各地の資料館，博物館，図書館にあった文書記録の解読と評価が進み，また寺社，旧家などの資料の発掘と研究が行われた。集められた資史料の一部は大学，博物館，図書館に置かれた。歴史に対する自治体や研究者の関心や研究活動が歴史学の変化，文書管理の変化と密接な関係をもちながら，郷土史，地方史，地域史の展開に影響を与えたということができる。

歴史学の研究者の研究発表と交流の場としての学会や研究会がたくさんつくられた。現在，歴史関係の学術団体を横につなぐためにつくられた日本歴史学協会（日歴協）に参加している学会・研究会は約80ある。それらは研究対象（例：仏教史学会，日本風俗史研究会），研究大学（例：駒沢史学会，立命館史学会），地域（例：信濃史学会，関東近世史研究会）などで細かく分けられている。特に地域別の学会は，日歴協に加盟していないものも多く，都道府県別やもっと狭い地域のみを対象にしたものも多い。そうした，地域別の歴史（郷土史，地方史，地域史）をさらにまとめる全国組織として，地方史研究協議会があり，研究発表の場を提供し，会誌としての『地方史研究』を年に6回発行するなど活発な活動をしている。

　地方史研究協議会の活動において興味深いのは，資料（史料）に対する関心が一貫して保持されていることである。特にそれが高まったのは，1964年に日本学術会議が旧帝大系の国立大学に附属研究機関として「日本史資料センター」を設置するというプランを提示したときである。これに対して，地域において研究している在野の歴史家から，史料を特定の拠点に集中することに対する反対の意見が上がり，地方史研究協議会の場でも大きく取り上げられた。地域で発生した資料は地域において利用できるようにするという「属地主義」に立つ研究者がこぞって反対して，結局のところプランはそれ以上進められることはなかった。それ以来，地方史の研究者は文書館の必要性を意識するようになり，その後の文書館をつくる運動につながった。

　機関誌『地方史研究』においては，会員の研究成果や研究活動の報告とともに史料問題がしばしば取り上げられてい

る。文書・記録の発掘・保存や遺跡や陵墓の調査・保存，文書館・公文書館設置，自治体公文書の管理と公文書館への移管，博物館・資料館における史料収集や展示などが取り上げられている。最近の傾向を見ると，地域資料という用語が博物館や文書館，そして歴史研究者の間でも使用されることが増えている。これは，もともと図書館，博物館，文書館の間に明確な差異は認めにくくて，共通する部分が少なくなかったのに加えて，どの機関でも資料のデジタル化を進めることでデジタルアーカイブと呼ばれるプロジェクトとメタデータ管理が重要な課題になったからである。2020年に本格稼働したジャパンサーチは，それを国の規模で協働的に開発しようというものであるが，そこではNDLが主導的な役割を果たしている。

　地域資料の概念はデジタルアーカイブの領域ばかりではない。地方史研究協議会編で出された『学校資料の未来』という本がある[20]。少子高齢化，過疎化の影響で廃校や統合になった学校が多数にのぼっている。文部科学省調査によると，1992年から2010年の間に廃校になった公立学校は全国で6,834校で，この18年の間に17％の学校が廃校になっている[21]。地域の学校はもともと住民が土地や建物，その他の支援をしてつくったものであり，人が集まる中心的な施設であり続けた。統合されて子どもたちは別の学校に通うにせよ，それがなくなることは当該地域に大きな影響をもたらす。また，廃校になった学校をどのように利用するか，学校にあった文書記録類（成績原簿である指導要録を含めて），物品等はどうなるのか，さらには学校を通じて地域の歴史や地域の人たちの記憶が継承されてきたものがどうなるのかなどのことが

あり，この論集が編まれている。公式の学校史が書かれている場合もあれば，そのようなものはないが学校新聞，学級新聞，卒業文集とか PTA 会報のような資料が残されているケースもあるし，地域の人々のオーラルヒストリーも含めて，地域に残された種々の資料が利用できるケースもある。

　廃校になった学校の二次利用として，博物館や資料館のような施設になっているケースもある。こういうものも地域資料だとして，図書館との関係を考えてみると，図書館にはせいぜいが教育委員会の行政資料や刊行された学校史，学校要覧が入っている程度だろうか。MLA の個々の機関が対象とする範囲は一部では重なっているにしても，違っているところも多いということができる。歴史家や文書館，資料館は何らかの理由で入手できた資料を基に研究をしたり，コレクションをつくったりする。それに対して，図書館は個々の資料を網羅的に集めることはしにくいが，重要なのは地域内での資料取り扱いの基準を，学校なら学校すべてに同等に適用することであり，行政資料と見なせるものはどの学校のものも同じように収集することになる。これが図書館的なアーカイブの網羅性の考え方である。

(3)　地方文書館，資料館の現在

　歴史学の動向と並行して，1976 年に全国歴史資料保存機関連絡協議会（全史料協）が結成された。史料を扱う機関の横のつながりを明確にするためのもので，特に公文書館法施行を契機に文書館運動が本格的に進展しはじめたのに対応するものである。文書記録を中心とする記録史料を保存し，利用に供している機関会員と，この会の目的に賛同して入会し

た個人会員で構成する全国団体からなる。機関会員の名簿掲載の 138 機関を分類すると次の表になる [22]。

全史料協参加機関

	数	割合
文書館	20	14.5%
公文書館	22	15.9%
図書館	7	5.1%
博物館・資料館	38	27.5%
自治体首長部局	19	13.8%
大学	22	15.9%
その他	10	7.2%

　いずれも歴史史料を収集・保存・提供，展示活動を行っているところであるが，名称を基準にして分類したものである。これを見ると文書館と公文書館を合わせたものが一番多く，ついで博物館・資料館，大学，首長部局ということになる。やはり図書館は多くない。歴史史料といっても，古文書・古記録だけでなく，写本・古刊本のような書籍類，考古学資料や民俗学資料など扱うものは多様である。市民による歴史資料へのアクセスは展示活動を介して行うのが一般的であり，所蔵した資料の閲覧利用は一定の制限がある。ここに挙げられた博物館や資料館，文書館，公文書館には，専門知識をもち修士ないし博士の学位をもった研究者的な職員が配置されることが一般的である。

　歴史資料保存機関に図書館が少ないのは，1970 年代以降，郷土資料や地域資料サービスにおいて現代的資料を中心にすることを掲げたために，歴史資料を収集提供する場としての目的意識が失われつつあるのに加えて，かつて歴史資料をも

っていたところも，文書館や博物館が整備されることにより，歴史資料をそちらに移管するところが増えてきたことを意味する。それでも，先の全公図調査によると，古文書・古記録を収集対象としている図書館をもつ自治体は都道府県で66％，市町村で44％であり，多くの自治体の図書館は歴史資料を保有している現状があり，意識との乖離が気になるところである。

(4) 地域学とパブリックヒストリー

「地域資料」の呼び方が図書館だけでなくて，歴史家，文書館，博物館で広く使われるようになった背景には，地域（郷土）全体を住民の生活の場として認識し再構築していこうという運動がある。背景には，過疎化や少子高齢化による居住空間の変化，都市部においてもショッピングモールが増えて旧市街地がシャッターストリートになるような消費行動の変容，大規模災害到来のたびごとに要請される地域の再建といったこととともに，地方分権の政策によって地方自治体が独自の財源と権限をもって地域振興を図っていこうとしていることや，SDGs のような地球規模で環境，経済や社会生活を考える際の基本的な足場として地域を見直すといったことがある。こうしたことに取り組むためには，地域の現状の認識，歴史的な検討，他地域の状況の調査などが必要になる。これはかつて，自治体がシンクタンクなどに委嘱して行うことも多かったし，自治体職員の仕事でもあったが，住民の意見を聞きながら行政を進めるときには，住民ベースの調査研究が必要になる。

地名を冠した「〇〇学」という呼び方がある。東北学とか

京都学，江戸東京学などが知られている。それぞれのもつ意味合いはさまざまであるが，今名前を挙げたものでいえば，東北学はなぜ東北が中央に対して遅れた辺境のイメージであるのかを普遍的な問いとする，アカデミズムの問題提起が出発点になっている。これに対して，京都学や江戸東京学はそれぞれの歴史や伝統，文化を伝えるもので，学際的なところに特徴がある。これらは特に，京都学・歴彩館や江戸東京博物館の展示や公開講座を通じて広く知られるようになった。いずれにせよ，学際的に複数領域の研究者が特定地域をフィールドにして研究成果をもちよるスタイルのものである。もう少し狭い範囲で，地域の生涯学習の一環で地域の人たちが自ら参加しながら居住する地域の特性について学び，受講生がレポートを報告するようなスタイルも多い。主催者は自治体教育委員会や首長部局，公民館や生涯学習センターや生涯学習財団，大学と，これもさまざまである[23]。この場合は，市民の学習と調査研究が一体となっているところが特徴である。

　さらに，パブリックヒストリーと呼ばれるものについて述べておきたい[24]。歴史はアカデミズムの研究者が研究して執筆し，一般の人たちはこれを読者として読むもの，という一方通行の関係が長らく支配した。これを，歴史の担い手が市民であることを前提に，書き手と読み手が双方向の交流が必要であるとの立場から，研究の視点を変えることが試みられている。これも，パブリックをどのようにとらえるかでいくつかの立場がある。一つには公共的な機関をベースに行われるものであり，博物館や文書館，図書館は，単に資料を提供する，展示活動を行うだけでなく，その行為が地域における

歴史創造を媒介するという意味で人々の公共性を担保する活動を行っており，パブリックヒストリーを担う重要な機関と位置づけられる。もう一つは，市民が参加し，市民自らによって書かれる歴史である。市民が研究者の協力の基に，自ら生活の場の記憶を文字にしたり，関係者から聞き取りをしたり，そしていっしょに資料の解読をしたりして歴史の執筆を行うというものである。先ほどの地域学も，これに近いと考えられる。

7.5 行政情報と図書館の関係

(1) 情報公開制度と公文書館

　20世紀の後半から，行政情報の公開制度をつくる自治体が増え始めた。最初の例は1982年に山形県金山町の「公文書公開条例」である。これは，住民に町役場にある公文書のうち個人情報ほかの非開示とされるもの以外について公開の請求権があるとするものである。その後，1999年に「行政機関が保有する情報の公開に関する法律」（行政機関情報公開法）ができたこともあって，自治体での採用が進み，現在，都道府県，市町村すべてで情報公開条例等がつくられている。住民が行政情報に直接アクセスするための制度がつくられていることについては，一定の成果があったということができるが，制度のあり方については議論がある。これは国の制度や実態の問題点が指摘されることが多いが，自治体でも東京都の豊洲市場への移転問題が生じたときに，公文書の不在が指摘され，あわせて自治体では公文書管理条例をつくっている自治体が少数であることの問題が指摘されている[25]。

このことは公文書館設置ともかかわっている。次の表は総務省が2018年に調査した公文書管理と公文書館の制度化の状況を見たものであるが，公文書管理の制度はほとんどの自治体でつくられているが，議会で制定した条例になっているところは都道府県で10％，指定都市で20％と少なく，市町村では0.7％ときわめて少ない[26]。これだと，公文書をどのように保管しどれを廃棄するのか，永久保存のものはどれかなどが曖昧になる可能性がある。そして，それは公文書館がどれだけ設置されているのかとかかわっている。次の表にあるように，都道府県では70％，指定都市で40％，そして市町村では5％程度ということで，市町村の場合は公文書の管理サイクルの最終段階で行う，保存期間終了後の永久保存文書への移管制度がうまくつくられていないことが指摘される。

公文書管理条例等の制定状況調査結果　平成30年3月（総務省）

		都道府県		指定都市		市区町村	
		団体数	構成比（％）	団体数	構成比（％）	団体数	構成比（％）
		47	100.0	20	100.0	1,605	93.3
制定済	条例	5	10.6	4	20.0	12	0.7
	規則・規程・要綱等	40	85.1	15	75.0	1,583	92.0
	その他	2	4.3	1	5.0	10	0.6
定めていない		0	0.0	0	0.0	116	6.7
合計		47	100.0	20	100.0	1,721	100.0

公文書館の設置状況　平成 30 年 3 月（総務省）

	都道府県		指定都市		市区町村	
	団体数	構 成 比 (%)	団体数	構 成 比 (%)	団体数	構 成 比 (%)
設置済み	33	70.2	8	40.0	97	5.6
未設置	14	29.8	12	60.0	1,624	94.4
合計	47	100.0	20	100.0	1,721	100.0

　情報公開制度は住民が行政情報にアクセスする権利を保証したものだが，住民にとって身近なものとはなっていない。それは，公文書管理制度自体が住民の権利を守る方向でつくられていないだけでなく，行政の仕組みの中で公文書がどのようにつくられているのか，市民からすればわかりにくく，公文書を特定化することが難しいし，また開示請求に手数料がかかるなど使いにくい側面もあるからである。そのため，情報公開制度は何らかの理由で公文書公開の請求を行う住民は少数であり，それ以外，研究者やジャーナリストなどが利用しているという状況である。

(2)　行政情報システムと広報

　通常，自治体が自らの情報を組織的に扱う部門として，公文書管理にかかわる部門以外に，情報システム部門と広報部門とがある。情報システムは，行政事務処理のためにあるもので，経理や職員管理などすべての組織に共通するものと自治体固有の事務処理のためのものがある。後者の自治体固有のものは，住民基本台帳や選挙人名簿管理，固定資産税，住民税，国民健康保険，国民年金，介護保険，児童手当，生活保護，就学などであり，データベースで個人情報を管理する

ことが中心になる。これらは現在ネットワーク上で分散管理されているので、これを全国で標準化して、マイナンバーカードでアクセスできるように統一的に管理することが計画されている。

　行政情報システムは個々の業務処理を効率的に進めるだけでなく、そこから業務の統計データを出力して業務の評価や報告を行う機能をもっている。新しい業務企画や中長期の計画のためには過去のデータを集約して他と比較することも必要になる。また、オープンデータが課題となる中で、そうした評価データを集約して利用可能にし、オープン化して Web で公開することも始まっている。このように行政情報システムは行政情報の基礎データを生み出す仕組みとなっている。

　広報とは、自治体行政の各部門が行政情報の中で住民に知らせた方がよいものを選んで、さまざまなコミュニケーション手段を通じて提供することである。そこでは、広報紙やチラシの配布、マスメディアに対するプレスリリース、インターネットを使った情報発信など多様な方法が用いられる。また、各部門が事業を展開する中で、事業計画書や事業報告書などの資料を作成することも一般的である。かつて情報公開制度が議論されたときに、公文書開示請求制度（狭義の情報公開）と並んで、各部門が必要に応じて作成する印刷資料や広報物を適切に住民に見てもらう情報提供施策も含めて、広義の情報公開制度を議論したことがあった[27]。

　自治体の総務部門に、行政資料室や行政情報センターと呼ばれる、そうした資料の閲覧の場が設けられている場合がある。ただ、おしなべて情報公開の制度当時の住民と自治体の情報の共有というような議論は低調になっており、情報提供

施策は「e-Gov」等のネットワークによる情報提供によってカバーされていると考えられているようだ。

　自治体の広報部門は，Web や SNS を用いて各部門の新しい情報を届ける役割を果たしている。多くの場合，自治体ホームページのトップページには自治体全体に共通のものが置かれて，あとは部門別にツリー状にページが分かれている。それぞれに新しい情報が書かれ，必要に応じて古い情報が蓄積される。どのような情報が置かれ，何が蓄積されるのかなどはそれぞれの担当者に委ねられている。SNS はさらに情報発信型のシステムであり，過去の情報については参照することは困難であることが多い。

　つまり，ネットワークで提供される行政情報は発信に焦点が当たっていて，アーカイブとして後で利用するようにはできていないことが多い。なお，国立国会図書館法に基づいて，「インターネット資料収集事業」（WARP）により同館のシステムが定期的に地方自治体のウェブページをコピーして蓄積しているので，遡ってこれを参照することが可能である[28]。

(3)　図書館の行政情報の収集・提供

　図書館法では 1950 年の成立時から，公立図書館が行政情報の提供に貢献することが規定されている。図書館法の第 3 条の図書館が収集すべき資料の中に，「地方行政資料」が含まれている。戦後改革において，1948 年にできた国立国会図書館法に国が発行する資料を納本対象資料に含め，また，各省庁の図書館（官庁図書館）を同館の支部図書館と位置づけることによって，同館が特に国の行政部門の情報を集めやすくして，立法府の行政部門に対する優位を制度化しようと

した。1950年成立の図書館法のこの条項も，立法趣旨としては同じであり，公立図書館が当該自治体の発行する資料を収集することを規定したものである。ただし，NDLのように法律で納本規定をもって，積極的に行政資料を集めている図書館は都道府県立では多いが，市町村立では多くない。

　全公図の2016年全国調査では，自治体発行資料について，納本に関する規程（条例，規則，要綱等）の有無をたずねた[29]。都道府県立図書館においては「ある」とした図書館が多かった（78.7％）が，市区町村立図書館では規程が「ない」とするところがほとんど（94.9％）であった。図書館がどのような資料を収集しているかについて聞いているが，やはり都道府県と市町村ではかなりの差があった。ここでは，市町村立図書館が自らの行政体の資料をどのように収集しているのかについて図で示しておこう。以下，収集率は「積極的に収集している」と「基本的なものを収集している」の合計値をみている。収集率が高いのは，自治体史86.8％，広報紙・誌86.2％，市政概要・事業概要74.3％，行政報告・年報・統計書72.7％，議会議事録78.8％である。一方，収集率が低いのは，監査資料31.6％，議案書39.9％，予算書・決算書57.6％，公報56.1％，計画書58％などである。収集されにくい資料が予算決算，監査，公報，議案書，計画書など，自治体行政や議会の現状を伝える最も基本的な資料であることが問題であろう。行政提供施策が総務課などの行政情報センターだけでなく，図書館がこうした資料を提供することで実現されることが求められている。

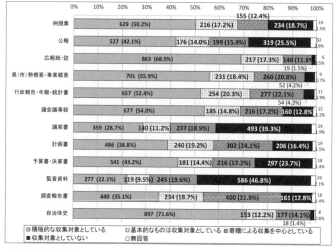

市町村発行資料の収集状況（2016年全公図調査）

凡例：
- ▨ 積極的な収集対象としている
- ▢ 基本的なものは収集対象としている
- ▨ 寄贈による収集を中心としている
- ▮ 収集対象としていない
- □ 無回答

資料種別	積極的な収集対象	基本的なものは収集対象	寄贈による収集中心	収集対象としていない	無回答
例規集	629 (50.2%)	216 (17.2%)	155 (12.4%)	234 (18.7%)	19 (1.5%)
公報	527 (42.1%)	176 (14.0%)	199 (15.9%)	319 (25.5%)	32 (2.6%)
広報紙・誌	863 (68.9%)	217 (17.3%)	148 (11.8%)	19 (1.5%)	6 (0.5%)
県(市)勢概要・事業概要	701 (55.9%)	231 (18.4%)	260 (20.8%)	52 (4.2%)	9 (0.7%)
行政報告・年報・統計書	657 (52.4%)	254 (20.3%)	277 (22.1%)	54 (4.3%)	11 (0.9%)
議会議事録	677 (54.0%)	185 (14.8%)	216 (17.2%)	160 (12.8%)	15 (1.2%)
議案書	359 (28.7%)	140 (11.2%)	237 (18.9%)	493 (39.3%)	24 (1.9%)
計画書	486 (38.8%)	240 (19.2%)	302 (24.1%)	206 (16.4%)	19 (1.5%)
予算書・決算書	541 (43.2%)	181 (14.4%)	216 (17.2%)	297 (23.7%)	18 (1.4%)
監査資料	277 (22.1%)	119 (9.5%)	245 (19.6%)	586 (46.8%)	26 (2.1%)
調査報告書	440 (35.1%)	234 (18.7%)	400 (31.9%)	161 (12.8%)	18 (1.4%)
自治体史	897 (71.6%)	153 (12.2%)	177 (14.1%)	18 (1.4%)	8 (0.6%)

(4) 行政支援のかたち－日野市立図書館市政図書室の実践

　東京都の日野市立図書館市政図書室は，行政資料提供のパイオニアである。同図書室は1978年，市役所内の同一敷地内に郷土資料と行政資料を提供する図書館分館として開館した。専任職員を常時3人配置して，サービスを継続している。筆者は，この図書館の重要性については繰り返して訴えてきた[30]。日野市立図書館は，1970年代から1980年代にかけての「市民の図書館」のモデルとなった図書館であった。しかしながら，市政図書室をつくったことで，その後重視されるようになる「地方の時代」，「地方分権」時代の図書館モデルでもあり続けたはずなのに，こちらに追随する図書館はきわめて少なかった。ここでは，実際に日野の市政図書室が市の職員にどのように受け入れられてきたかについて，かいつま

んで説明しておきたい。

筆者は2017年夏に，日野市市役所職員の情報利用調査を実施した[31]。方法としては，2017年7月から8月にかけて同市総務課の支援の下に，市庁舎内のすべての課の管理職（課長職），係長職，各係の係員1人の計381人を対象に，質問紙調査をしたものである。回答者数282人で回収率74.0％であった。ここではその中から興味深い三つの結果を示しておく。

一つは，市政図書室の利用頻度である。全体としては，たまに利用するまで含めた利用率は70％と高いことがわかる。職位別には，課長＞係長＞係員の順で市政図書室を利用している。つまり，職位が高い方が市政図書室の利用頻度が高いことがわかる。

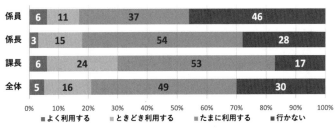

市政図書室の利用頻度（2017年日野市調査）

次に，他自治体や国の行政情報が必要になったときにどの情報源を利用するかについてたずねたものである。おおかた予想されるように，インターネットの利用が圧倒的に多かった。それについで直接の問合せが多く，庁内LANの利用がそれに続いている。市政図書室の利用は「たまにある」まで含めて約半数でそれほど多くはないが，一定程度の利用がされていることがわかる。職位別の回答と市政図書室利用とを

クロス集計してみて，職位が高いほど市政図書室を利用していることがわかった。また，所属部門別回答結果とクロス集計をしてみると，市政図書室を利用する割合は，経営管理部門＞経済産業部門＞市民生活部門の順で高かった。

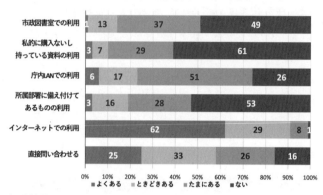

行政情報へのアクセス方法（2017年日野市調査）

また，市政図書室が提供するサービスとして，毎日，日野市に関連する新聞記事をクリッピングして各課に配布する「新聞記事速報」がある。このサービスについては，ほぼ全員見ていることがわかるが，ほぼ毎号見ているとの回答は職位が上がるほど高まる。

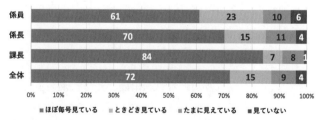

「新聞記事速報」の利用頻度（2017年日野市調査）

以上の結果から言えるのは，この図書館が職員向けに行っている行政支援サービスは市の職員に支持されていて，特に職位の高い人ほど支持する傾向にあるということである。職位が高いことは，年齢が高く紙メディアに慣れているという仮説が成り立つかもしれない。それもあるだろうが，別な要因として職位が高いために意思決定にかかわる頻度が高いことが挙げられる。そういう意思決定者にとっては，過去の事例や他自治体の事例を含めて目配りをすることが要請される。しかし，インターネット上には皮相なレベルの情報しかないので，専門書や専門雑誌の記事，新聞記事などに頼ることが多いために市政図書室に行くということである。これは自由記述の回答からもうかがえた。

　行政支援サービスが課題解決支援サービスの一つとして挙げられることがあるが，成功している例は多くない。その理由として，図書館と市役所が物理的に離れていることがあり，日常的な接触がないために，利用者の個人的な経験と提供者側のサービス体制や属人的なサービス能力に委ねられるからである。日野市の事例は確かに物理的に有利な位置づけがもたらすものではあろうが，通常の地域資料サービスの延長上に行われているものである。インターネットによるサービスの可能性が高まっている現在，どの図書館でも実施可能なことは何であるのかを検討すべきではないだろうか。

7.6 おわりに

　ここ半世紀の間に，地域をベースにした生活スタイルが定着するにつれて，図書館が提供するサービスも地域をベース

にすべきことが明確になってきた。これまで述べてきたように，地域の歴史を地域の生活者の視点で描き出すパブリックヒストリーや，地域行政に対して行政の執行者や職員と住民が共通の基盤で議論できるようにするための情報公開や情報提供施策が進められつつある。また，博物館や資料館，文書館といった機関は，それぞれが資料の収集・保存・展示，あるいはそうした資料を用いた講座開設を常時行っている。図書館の地域資料の実践は，そうした地域におけるアーカイブ活動の中で本来中心的な役割を担うべきであるのだが，そういう体制がつくれているのは都道府県立図書館などに限られていることを見てきた。地域資料サービスに携わることのできる人材育成が行われておらず，資料収集は限られた範囲のものしか対象になっていない。

　図書館の資料提供というと，東京の出版社が発行した出版物の提供が中心になっている。商業出版が中央から地方へという流れがつくられている以上当然ではあるが，それが住民の要求に合わせて複本を提供して貸出数を競うことになると，市場と競合する部分が出てくることもはっきりしている。それ以上に，全国どこに行っても同じようなサービスが行われ定形化が進むことが問題である。博物館や文書館のような専門機関だけでなく，地域のアーカイブにかかわる人たちすべてと協同しながら，図書館独自の地域ベースのアーカイブ活動をすることが必要になっている。図書館が唯一の公的な文書資料のアーカイブ機関というところも少なくない。

　折から，2021年よりスタートする文部科学省の新しい学習指導要領では，各教科の中で「探究」の要素を増やし，地域をベースにした「主体的・対話的・相互的で深い学び」を

実現することが課題になっている。この中で高校では,「地理探究」とか「歴史探究」といった時間が加わり,「総合的な探究の時間」も実施される。探究とはさまざまな外部情報源をもとにして学習者自らが知を構築していくことを意味し,その際には図書館や博物館などの地域のアーカイブ機関が重要な働きをすることになる。学校がアーカイブ領域を求めているのである。

　本書に紹介されている事例は,そうした地域資料サービスのあり方を理解するのにたいへん参考になる。今後の課題としては,全国には200人を超える人がいると見られる地域資料の専任職員を中心に兼任職員を含めて,地域的あるいはブロック別,そして全国的な研究グループをつくり,相互にノウハウの交換を行う体制をつくることである。中核的な人たちが,そこで獲得したノウハウを持ち寄り,かつての地域資料担当のOB職員や関連の博物館や公文書館等の職員や役所の職員,学校の教職員,さらには地域の郷土史家,ボランティアグループなどの人々を巻き込んだネットワークづくりを進めることで,初めて地域資料サービスはうまく展開できる。

注
1) 根本彰『アーカイブの思想－言葉を知に変える仕組み』みすず書房, 2021
2) 総務省「過疎地域の現状　平成30年8月6日」https://www.soumu. go.jp/main_content/000569949.pdf
3) 図書館問題研究会編著『まちの図書館－北海道のある自治体の実践』（日本図書館協会, 1981），矢崎秀人「過疎地域の図書館建設を進めるために」（『月刊社会教育』53（5）, 2009, p.73-79），西野一夫「新しい過疎対策法の制定と図書館」（『図書館雑誌』104（7）, 2010, p.427-429)
4) 奥村弘編『歴史文化を大災害から守る－地域歴史資料学の構築』東

京大学出版会，2014

5)　三多摩郷土資料研究会編『地域資料入門』日本図書館協会，1999，p.11-15

6)　柳田國男『日本の民俗学』(中公文庫) 中央公論社，2019

7)　根本彰「戦後公共図書館と地域資料－その歴史的素描」日本図書館協会図書館の自由に関する調査委員会編『情報公開制度と図書館の自由』(図書館と自由　第 8 集) 日本図書館協会，1987，p.62-90

8)　全国公共図書館協議会『公立図書館における地域資料サービスに関する実態調査報告書』2016 年度 (平成 28 年度)，2017

9)　「NDL オンライン」は国立国会図書館に納入された図書の書誌データベースであり，日本全国書誌と言われるものであるが，地域レベルの出版物の網羅性という意味ではそれほど高くはない。また，タイトルのキーワード検索をしているので，「地方史」や「地域史」というときに日本国外の歴史研究を指す場合も少数含まれている。あくまでも傾向を見るためのものとご理解いただきたい。

10)　『郷土史大系－地域の視点からみるテーマ別日本史』朝倉書店，全 10 巻，2019-　(2021 年春までの既刊：「宗教・教育・芸能・地域文化」，「情報文化」，「生産・流通」上・下，「観光・娯楽・スポーツ」，「領域の歴史と国際関係」2 巻)

11)　神奈川地域資料保全ネットワーク編『地域と人びとをささえる資料－古文書からプランクトンまで』勉誠出版，2016

12)　小池聖一『アーカイブズと歴史学－日本における公文書管理』刀水書房，2020

13)　国文学研究資料館編『社会変容と民間アーカイブズ－地域の持続へ向けて』勉誠出版，2017

14)　長谷川貴彦編『エゴ・ドキュメントの歴史学』岩波書店，2020

15)　国立国会図書館『地域資料に関する調査研究』(図書館総合研究リポート　No.5　国立国会図書館，2008)，全国公共図書館協議会『公立図書館における地域資料サービスに関する実態調査報告書』2016 年度 (平成 28 年度)，2017，全国公共図書館協議会『公立図書館における地域資料サービスに関する報告書』2017 年度 (平成 29 年度)，2018 (いずれも Web 版あり　https://www.library.metro.tokyo.lg.jp/zenkoutou/report/)

16)　日置将之「行政支援に関する文献の紹介」『大阪府立図書館紀要』36，2007，p.16-22

17) 全公図の課題解決支援サービス調査に，行政支援サービスが含まれている。全国公共図書館協議会『公立図書館における課題解決支援サービスに関する報告書』2015 年度（平成 27 年度），2015　https://www.library.metro.tokyo.lg.jp/pdf/zenkouto/pdf/2015all.pdf

18) 「特集　ウィキペディアタウンでつながる，まちと図書館」『LRG』25，2018，p.6-102

19) 成田龍一『近現代日本史と歴史学－書き替えられてきた過去』（中公新書）中央公論新社，2012

20) 地方史研究協議会編『学校資料の未来』岩田書店，2019

21) 文部科学省「小中学校統廃合の現状」https://www.soumu.go.jp/main_content/000638148.pdf

22) 全国歴史料保存機関連絡協議会名簿　http://www.jsai.jp/kikan/index.html

23) 彩の国さいたま人づくり広域連合「地域学の可能性」政策課題共同研究　平成 20 年度，2008　http://www.hitozukuri.or.jp/jinzai/seisaku/80kenkyu/05/H20/H20_CG.htm

24) 菅豊・北條勝貴編『パブリック・ヒストリー入門－開かれた歴史学への挑戦』勉誠出版，2019

25) 瀬畑源『公文書問題－日本の「闇」の核心』集英社，2018

26) 総務省「公文書管理条例等の制定状況調査結果　平成 30 年 3 月」https://www.soumu.go.jp/main_content/000542521.pdf

27) 西尾勝『行政学』有斐閣，1993
現在でも総務省の国の情報公開のホームページに情報提供施策として，「文書閲覧窓口制度，行政情報の電子的提供，反復継続的に開示がなされた情報等の提供」といったものが掲げられている。　https://www.soumu.go.jp/main_sosiki/gyoukan/kanri/jyohokokai/index.html

28) 国立国会図書館インターネット資料収集事業（WARP）https://warp.da.ndl.go.jp/

29) 全国公共図書館協議会『公立図書館における地域資料サービスに関する実態調査報告書』2016 年度（平成 28 年度），2017

30) 根本彰『続情報基盤としての図書館』勁草書房，2004

31) データについては，2017 年度慶應義塾大学文学研究科提出の青木理紗修士論文に掲載。

事項索引

【あ行】

アーカイブシステム ……………22, 24
アーカイブ資料……………………… 50
アーカイブの思想 …………………116
Web 公開……………………………… 82
NDL サーチ ………………………… 76
大阪市立図書館 ……………5, 30, 52
思い出のこし ………………………… 62
オープンデータ ……………30, 54, 79

【か行】

課題……………………26, 31, 59, 109
北広島市教育委員会………………… 30
北広島市図書館 ………………5, 42
教材作成ツール ……………………… 44
行政刊行物 ……………………………73
行政支援サービス ………………… 151
行政情報システム ………………… 144
行政情報の収集・提供 …………… 146
郷土，地方，地域 ………………… 123
近世庶民史料所在目録 ……………… 90
近世庶民史料調査委員会………… 90
国立市立図書館 …………………… 106
久保七郎………………………7, 97
県報…………………………………… 68

公文書館 …………………108, 142
広報 …………………………… 28, 144
小平市立図書館 ……………106, 109
古典籍 ……………………………… 71
古文書 ……………………………… 66
古文書調査 ………………………… 103

【さ行】

三多摩郷土資料研究会 ………… 107
システム ……………………………… 26
自治体史編纂事業……………… 101
市民協働 ………………… 14, 34, 132
市民ボランティア…………………… 32
社会科副読本 ……………………… 43
社会的記憶 ………………………… 121
写真 ……………………………34, 69
ジャパンサーチ …………………… 77
情報公開制度 ……………………… 142
情報交換 …………………………… 51
資料作成 …………………………… 13
資料の組織化 ……………………… 11
資料保存利用施設 ………………… 106
人物文献検索 ……………………72, 74
新聞 ………………………………… 67
新聞記事 …………………………… 29

新聞記事見出し検索システム ……… 39
新聞社 ……………………………… 78
スキャナー ………………………… 18
スキャニング……………………… 18
専門性 ……………………………… 10

【た行】

多摩郷土研究の会 ……………96, 98
地域アーカイブ……………8, 116, 126
地域学 …………………………… 140
地域課題……………………………… 11
地域史研究 ……………………… 101
地域資料サービス ……………… 128
地域資料と歴史学 ……………… 134
地域の自己認識 ………………… 123
地方分権改革 …………………117
地方文書館，資料館……………… 138
著作権管理 ……………………… 23
デジタルアーカイブ ……………4, 13, 52
デジタルアーカイブ福井 …………… 63
デジタル化……………………………2, 18
デジタル化仕様…………………… 19
デジタルカメラ ………………… 19
デジタル教材 …………………… 29
デジタル資料 …………………… 70
デジタルネットワーク ………………… 129
データ……………………………… 26
展示………………………………… 13
東京都三多摩公立博物館協議会 107
東京都の文化財調査 …………… 91
統合検索………………………… 28

図書館・博物館における地域の知
　の拠点推進事業 ………………… 34
図書館情報ネットワークシステム事業
　……………………………………… 53
豊中市立図書館…………………4, 32
豊中・箕面地域情報アーカイブ化事業
　実行委員会 …………………… 34
とよなか・歴史と文化の会 ………… 36

【な行】

『浪花百景』を世界に紹介しよう！
　……………………………………… 60
西多摩郷土研究の会 ……………… 97
日本史資料センター ……………… 136

【は行】

パブリックヒストリー ………… 141
日野市立図書館市政図書室 ……… 148
福井県立図書館 ……………………6, 63
ふるさと府中歴史館 …………… 108
文学館 …………………………… 71
北摂アーカイブス ………………… 32
ボランティア ……………………77, 132

【ま・や行】

マイクロフィルム ……………… 19
まちづくり ……………………… 42
民間アーカイブズ ………………88, 127
民間資料の所在調査 ……………… 89
民間資料の保存 …………………… 7
みんなで翻刻 …………………… 77

158

武蔵野ふるさと歴史館 …………… 108
メタデータ ………………………… 21
モデル授業 ………………………… 47
文書館 ……………………………… 108
山口県文書館 ……………………… 135

【ら行】

歴史資料 …………………………… 135
歴史的公文書 ……………………… 66
レファレンスサービス …………… 33
レプリカ …………………………… 29
連携
　－機関 …………………………… 74
　－企業 …………………………… 61
　－行政機関 ……………………… 130
　－システム ……………………… 73
　－地域機関 ……………………… 131

■執筆者紹介

〔　〕は日本図書館協会認定司書番号

0章　蛭田廣一（ひるた　ひろかず）　小平市中央図書館〔2024〕
1章　山崎博樹（やまざき　ひろき）　知的資源イニシアティブ理事
2章　青木みどり（あおき　みどり）　豊中市立岡町図書館
　　　西口光夫（にしぐち　みつお）　豊中市立庄内図書館
3章　新谷良文（あらや　よしふみ）　北広島市図書館
4章　澤谷晃子（さわや　あきこ）　大阪市立中央図書館〔1157〕
5章　長野栄俊（ながの　えいしゅん）　福井県文書館
6章　宮間純一（みやま　じゅんいち）　中央大学文学部
7章　根本彰（ねもと　あきら）　東京大学名誉教授

◆JLA 図書館実践シリーズ　46
地域資料のアーカイブ戦略

2021 年 12 月 15 日　　　初版第 1 刷発行 ©

定価：本体 1700 円（税別）

編　者：蛭田廣一
発行者：公益社団法人　日本図書館協会
　　　　〒104-0033　東京都中央区新川1-11-14
　　　　Tel 03-3523-0811⑷　Fax 03-3523-0841
デザイン：笠井亞子
印刷所：イートレイ㈱
Printed in Japan
JLA202119　　ISBN978-4-8204-2111-5
本文の用紙は中性紙を使用しています。

JLA 図書館実践シリーズ　刊行にあたって

　日本図書館協会出版委員会が「図書館員選書」を企画して 20 年あまりが経過した。図書館学研究の入門と図書館現場での実践の手引きとして，図書館関係者の座右の書を目指して刊行されてきた。

　しかし，新世紀を迎え数年を経た現在，本格的な情報化社会の到来をはじめとして，大きく社会が変化するとともに，図書館に求められるサービスも新たな展開を必要としている。市民の求める新たな要求に対応していくために，従来の枠に納まらない新たな理論構築と，先進的な図書館の実践成果を踏まえた，利用者と図書館員のための出版物が待たれている。

　そこで，新シリーズとして，「JLA 図書館実践シリーズ」をスタートさせることとなった。図書館の発展と変化する時代に即応しつつ，図書館をより一層市民のものとしていくためのシリーズ企画であり，図書館にかかわり意欲的に研究，実践を積み重ねている人々の力が出版事業に生かされることを望みたい。

　また，新世紀の図書館学への導入の書として，一般利用者の図書館利用に資する書として，図書館員の仕事の創意や疑問に答えうる書として，図書館にかかわる内外の人々に支持されていくことを切望するものである。

2004 年 7 月 20 日

日本図書館協会出版委員会

委員長　松島　茂

図書館員と図書館を知りたい人たちのための新シリーズ！
JLA図書館実践シリーズ 既刊40冊, 好評発売中

（価格は本体価格）

Japan Library Association

図書館員と図書館を知りたい人たちのための新シリーズ！

JLA図書館実践シリーズ　既刊40冊，好評発売中

21. 新着雑誌記事速報から始めてみよう RSS・APIを活用した図書館サービス
牧野雄二・川嶋斉著／161p／1600円

22. 図書館員のためのプログラミング講座
山本哲也著／160p／1600円

23. RDA入門 目録規則の新たな展開
上田修一・蟹瀬智弘著／205p／1800円

24. 図書館史の書き方，学び方 図書館の現在と明日を考えるために
奥泉和久著／246p／1900円

25. 図書館多読への招待
酒井邦秀・西澤一編著／186p／1600円

26. 障害者サービスと著作権法
日本図書館協会障害者サービス委員会，著作権委員会編／131p／1600円

27. 図書館資料としてのマイクロフィルム入門
小島浩之編／180p／1700円

28. 法情報の調べ方入門 法の森のみちしるべ 補訂版
ロー・ライブラリアン研究会編／202p／1800円

29. 東松島市図書館 3.11からの復興 東日本大震災と向き合う
加藤孔敬著／270p／1800円

30. 「図書館のめざすもの」を語る
第101回全国図書館大会第14分科会運営委員編／151p／1500円

31. 学校図書館の教育力を活かす 学校を変える可能性
塩見昇著／178p／1600円

32. NDCの手引き 「日本十進分類法」新訂10版入門
小林康隆編著，日本図書館協会分類委員会監修／207p／1600円

33. サインはもっと自由につくる 人と棚とをつなげるツール
中川卓美著／177p／1600円

34. 〈本の世界〉の見せ方 明定流コレクション形成論
明定義人著／142p／1500円

35. はじめての電子ジャーナル管理
保坂睦著／241p／1800円

36. パッと見てピン！ 動作観察で利用者支援 理学療法士による20の提案
結城俊也著／183p／1700円

37. 図書館利用に障害のある人々へのサービス 上巻 利用者・資料・サービス編 補訂版
日本図書館協会障害者サービス委員会編／304p／1800円

38. 図書館利用に障害のある人々へのサービス 下巻 先進事例・制度・法規編 補訂版
日本図書館協会障害者サービス委員会編／320p／1800円

39. 図書館とゲーム イベントから収集へ
井上奈智・高倉暁大・日向良和著／170p／1600円

40. 図書館多読のすすめかた
西澤一・米澤久美子・粟野真紀子編著／198p／1700円

Japan Library Association